中华人民共和国
治安管理处罚法

大字学习版

中国法制出版社
CHINA LEGAL PUBLISHING HOUSE

编辑说明

全民普法是全面依法治国的长期基础性工作。为方便广大读者学习法律法规，中国法制出版社全新编写了“法律法规大字学习版”丛书。在确保法律文本准确的基础上，对法条内容进行了必要的编辑加工，体例新颖，内容翔实，以帮助广大读者学习法律法规，真正让法律走到读者身边、走进读者心里。

本丛书的特点如下：

1. 大字醒目。正文法条内容通过双色印刷、大字号、宽行距等精心设计，版式疏朗，阅读顺畅，致力于为读者带来更佳的阅读体验。

2. 双色标注。对法条以双色、星级及波浪线等形式标注，既能有效消除读者对复杂、烦琐法条的畏难心理，又能帮助读者迅速把握法律法规的脉络。

3. 关联注释。在法条下方标注【相关法条】，方便读者查找翻阅关联内容，举一反三，融会贯通；同时对不易理解的法条，通过【注释】【生活小案例】【典型案例】【小测试】等版块设计，从立法背景、内容要义、实践应用等多维度帮助读者理解，力求帮助读者学懂弄通会用。

4. 实用图表。立足读者实际需求，以图表形式对所收录的法律法规重点内容进行总结提炼，贴近生活，通俗易懂，帮助读者更加直观地理解核心条款。

5. 电子增补。为了帮助读者随时掌握法律法规的最新动态，本丛书将适时进行电子增补，请读者登录中国法制出版社网站 http：//www. zgfzs. com“出版服务”中的“资源下载”频道或者关注我社官方微信公众号“中国法制出版社”免费下载。

中国法制出版社

凡 例

简 称	全 称
国家赔偿法	中华人民共和国国家赔偿法
集会游行示威法	中华人民共和国集会游行示威法
禁毒法	中华人民共和国禁毒法
民法典	中华人民共和国民法典
全国人民代表大会和地方各级人民代表大会选举法	中华人民共和国全国人民代表大会和地方各级人民代表大会选举法
刑法	中华人民共和国刑法
行政处罚法	中华人民共和国行政处罚法

目　录

中华人民共和国治安管理处罚法

（2005 年 8 月 28 日第十届全国人民代表大会常务委员会第十七次会议通过　根据 2012 年 10 月 26 日第十一届全国人民代表大会常务委员会第二十九次会议《关于修改〈中华人民共和国治安管理处罚法〉的决定》修正）

第一章　总　　则

第一条　【立法目的】[①] 为维护社会治安秩序，保障公共安全，保护公民、法人和其他组织的合法权益，规范和保障公安机关及其人民警察依法履行治安管理职责，制定本法。

★ **第二条　【违反治安管理行为的性质和特征】** 扰乱公共秩序，妨害公共安全，侵犯人身权利、财产权

① 本书条文主旨为编者所加，为方便读者检索使用，仅供参考，下同。

利，妨害社会管理，具有社会危害性，依照《中华人民共和国刑法》的规定构成犯罪的，依法追究刑事责任；尚不够刑事处罚的，由公安机关依照本法给予治安管理处罚。

注释

违反治安管理行为和犯罪行为主要有以下区别：

（1）情节是否严重。有些行为情节严重的，就构成犯罪；情节不严重的，就是违反治安管理行为。例如，强拿硬要或者任意损毁、占用公私财物的行为等。

（2）情节是否恶劣。有些行为情节恶劣的，就构成犯罪；情节不恶劣的，就是违反治安管理行为。例如，虐待家庭成员的行为、遗弃没有独立生活能力的被扶养人的行为等。

（3）后果是否严重。有些行为后果严重的，就构成犯罪；后果不严重的，就是违反治安管理行为。例如，故意伤害他人身体的行为，致人轻伤或者重伤的，是犯罪行为；致人轻伤以下的，是违反治安管理行为。

（4）数额是否较大。有些行为数额较大的，就构成犯罪；不是数额较大的，就是违反治安管理行为。

（5）是否多次。有些行为多次实施的，就构成犯罪；不是多次实施的，就是违反治安管理行为。

（6）是否使用暴力、威胁方法。有些行为已使用暴力、威胁方法的，就构成犯罪；未使用暴力、威胁方法的，就是违反治安管理行为。例如，阻碍国家机关工作人员依法执行职务行为等。

（7）主体是否特定。有些行为只有特定主体实施时才构成犯罪。例如，卖淫、嫖娼行为，若明知自己患有梅毒、淋病等严重性病卖淫、嫖娼的，是犯罪行为；其他人卖淫、嫖娼的，是违反治安管理行为。

（8）对象是否特定。有些行为只有针对特定对象实施时才构成犯罪。例如，嫖娼行为，若对象是不满14周岁幼女的，是犯罪行为；对象是其他人的，是违反治安管理行为。

（9）是否以此为业。有些行为只有当行为人以此为业时，才构成犯罪。例如，赌博行为，若以赌博为业的，是犯罪行为；不以赌博为业，但参与赌博且赌资较大的，是违反治安管理行为。

★ **第三条　【处罚程序应适用的法律规范】**治安管理处罚的程序，适用本法的规定；本法没有规定的，适用《中华人民共和国行政处罚法》的有关规定。

★ **第四条　【适用范围】**在中华人民共和国领域内

发生的违反治安管理行为，除法律有特别规定的外，适用本法。

在中华人民共和国船舶和航空器内发生的违反治安管理行为，除法律有特别规定的外，适用本法。

★ **第五条　【基本原则】**治安管理处罚必须以事实为依据，与违反治安管理行为的性质、情节以及社会危害程度相当。

实施治安管理处罚，应当公开、公正，尊重和保障人权，保护公民的人格尊严。

办理治安案件应当坚持教育与处罚相结合的原则。

☞ **相关法条**

《公安机关办理行政案件程序规定》第4~5条

第六条　【社会治安综合治理】各级人民政府应当加强社会治安综合治理，采取有效措施，化解社会矛盾，增进社会和谐，维护社会稳定。

★ **第七条　【主管和管辖】**国务院公安部门负责全国的治安管理工作。县级以上地方各级人民政府公安机关负责本行政区域内的治安管理工作。

治安案件的管辖由国务院公安部门规定。

注释

几个公安机关都有权管辖的行政案件，由最初受理的公安机关管辖。必要时，可以由主要违法行为地公安机关管辖。

☞ **相关法条**

《公安机关办理行政案件程序规定》第10~16条

《行政处罚法》第22~27条

★★ **第八条　【民事责任】**违反治安管理的行为对他人造成损害的，行为人或者其监护人应当依法承担民事责任。

注释

《治安管理处罚法》规定的众多违法行为中，很多都兼具行政违法性和民事侵权性的双重特征。值得注意的是，除本法第9条规定的情形外，不得以民事责任的承担替代治安管理处罚。

☞ **相关法条**

《民法典》侵权责任编

☆☆☆ **第九条　【调解】**对于因民间纠纷引起的打架斗殴或者损毁他人财物等违反治安管理行为，情节较轻的，公安机关可以调解处理。经公安机关调解，当事人达成协议的，不予处罚。经调解未达成协议或者达成协议后不履行的，公安机关应当依照本法的规定对违反治安管理行为人给予处罚，并告知当事人可以就民事争议依法向人民法院提起民事诉讼。

注释

治安调解，是指对于因民间纠纷引起的打架斗殴或者损毁他人财物等违反治安管理、情节较轻的治安案件，在公安机关的主持下，以国家法律、法规和规章为依据，在查清事实、分清责任的基础上，劝说、教育并促使双方交换意见，达成协议，对治安案件作出处理的活动。对因民间纠纷引起的打架斗殴或者损毁他人财物以及其他违反治安管理行为，情节较轻的，公安机关应当本着化解矛盾纠纷、维护社会稳定、构建和谐社会的要求，依法尽量予以调解处理。特别是对因家庭、邻里、同事之间纠纷引起的违反治安管理行为，情节较轻，双方当事人愿意和解的，如制造噪声、发送信息、饲养动物干扰他人正常生活，放任动物恐吓他人，侮辱、诽谤、诬告陷害，侵犯隐私，偷开机动车等治安案件，公安机关都可以调解处理。

☞ 相关法条

《公安机关执行〈中华人民共和国治安管理处罚法〉有关问题的解释》第 1 条

《公安机关办理行政案件程序规定》第178~186条

《公安机关治安调解工作规范》

▶▶小测试◀◀ *①

1. 违反治安管理的行为对他人造成损害的，行为人受到治安处罚后，不需要承担民事责任。(　　)

2. 对违反治安管理行为给予处罚后，当事人之间就民事争议不能向人民法院提起诉讼。(　　)

3. 以下哪些情形，适用《治安管理处罚法》？(　　)

A. 在我国领域外发生的违反治安管理行为

B. 在我国香港、澳门特别行政区发生的违反治安管理行为

C. 享有外交特权和豁免权的外国人在我国领域内违反治安管理的

D. 全国人大代表违反治安管理的

4. 治安管理处罚必须以(　　)为依据。

A. 事实　　B. 性质

C. 情节　　D. 社会危害程度

---

* 本书小测试依次设置判断、选择、填空三种题型。

① 【答案】1. ×，解析：《治安管理处罚法》第8条。2. ×，解析：《治安管理处罚法》第9条。3. D。4. A。5. A。6. 打架斗殴；损毁他人财物。

5. 治安案件的管辖由（　　）规定。

A. 国务院公安部门

B. 省级人民政府公安机关

C. 地（市）级人民政府公安机关

D. 县级人民政府公安机关

6. 对于因民间纠纷引起的____或者____等违反治安管理行为，情节较轻的，公安机关可以调解处理。

第二章 处罚的种类和适用

☆☆ **第十条 【处罚种类】** 治安管理处罚的种类分为：

（一）警告；

（二）罚款；

（三）行政拘留；

（四）吊销公安机关发放的许可证。

对违反治安管理的外国人，可以附加适用限期出境或者驱逐出境。

注释

对外国人需要依法适用限期出境、驱逐出境处罚的，由承办案件的公安机关逐级上报公安部或者公安部授权的省级人民政府公安机关决定，由承办案件的公安机关执行。对外国人依法决定行政拘留的，由承办案件的县级以上（含县级，下同）公安机关决定，不再报上一级公安机关批准。对外国人依法决定警告、罚款、行政拘留，并附加适用限期出境、驱逐出境处罚的，应当在警告、罚款、行政拘留执行完毕后，再执行限期出境、驱逐出境。

☞ **相关法条**

《公安机关执行〈中华人民共和国治安管理处罚法〉有关问题的解释》第 2 条

★ **第十一条 【查获违禁品、工具和违法所得财物的处理】** 办理治安案件所查获的毒品、淫秽物品等违禁品，赌具、赌资，吸食、注射毒品的用具以及直接用于实施违反治安管理行为的本人所有的工具，应当收缴，按照规定处理。

违反治安管理所得的财物，追缴退还被侵害人；没有被侵害人的，登记造册，公开拍卖或者按照国家有关规定处理，所得款项上缴国库。

生活小案例

曾某驾驶一辆装有烟花爆竹的厢式货车，从甲县进入乙县城区配送烟花爆竹时被查获，属未经许可非法运输烟花爆竹。乙县公安局依据《治安管理处罚法》第 11 条第 1 款的规定，对曾某的 446 件烟花爆竹予以收缴。问：乙县公安局决定对涉案烟花爆竹予以收缴，适用法律是否正确？

答：公安机关在办理治安行政案件中收缴的财物限于违禁品、用具、工具三类。根据《治安管理处罚法》第 11 条第 1 款对违禁品的例举，这里规定的违禁品应当理解为“法律禁止制造、买卖、储存、运输的物品”。烟花爆竹属于特许生产、运输、经营的民用商品，显然与毒品、淫秽物品不可等同，依法应当不在治安行政处罚随案收缴之列。对非法运输的烟花爆竹，公安机关应当适用国务院《烟花爆竹安全管理条例》第36条第2款的规定予以没收。乙县公安局适用《治安管理处罚法》第11条第1款的规定对涉案烟花爆竹予以收缴，属于适用法律错误。

☞ **相关法条**

《公安机关办理行政案件程序规定》第187~197条

☆☆ **第十二条　【未成年人违法的处罚】** 已满十四周岁不满十八周岁的人违反治安管理的，从轻或者减轻处罚；不满十四周岁的人违反治安管理的，不予处罚，但是应当责令其监护人严加管教。

☞ **相关法条**

《公安机关执行〈中华人民共和国治安管理处罚法〉有关问题的解释》第3条

《公安机关执行〈中华人民共和国治安管理处罚法〉有关问题的解释（二）》第3~4条

《公安机关办理行政案件程序规定》第6条、第157条

☆☆ **第十三条　【精神病人的违法处罚】** 精神病人在不能辨认或者不能控制自己行为的时候违反治安管理的，不予处罚，但是应当责令其监护人严加看管和治

疗。间歇性的精神病人在精神正常的时候违反治安管理的，应当给予处罚。

注释

间歇性精神病人，是指精神并非一直处于错乱状态而完全丧失辨认或者不能控制自己行为能力的精神病人。这种精神病人的精神时而正常，时而不正常，在精神正常的情况下，头脑是清醒的，具有辨认或者控制自己行为的能力，在发病的时候，就丧失了辨认是非和控制自己行为的能力，即其精神病是处于间断性发作的状态。

值得注意的是，尚未完全丧失辨认或者控制自己行为能力的精神病人有违法行为的，应当予以行政处罚，但可以从轻或者减轻行政处罚。

☞ **相关法条**

《公安机关执行〈中华人民共和国治安管理处罚法〉有关问题的解释》第3条

《公安机关办理行政案件程序规定》第158条

☆☆ **第十四条　【盲人或聋哑人违法的处罚】** 盲人或者又聋又哑的人违反治安管理的，可以从轻、减轻或者不予处罚。

☞ **相关法条**

《公安机关执行〈中华人民共和国治安管理处罚法〉有关

问题的解释》第3条

《公安机关执行〈中华人民共和国治安管理处罚法〉有关问题的解释（二）》第4条

☆☆ 第十五条　【醉酒的人违法的处罚】 醉酒的人违反治安管理的，应当给予处罚。

醉酒的人在醉酒状态中，对本人有危险或者对他人的人身、财产或者公共安全有威胁的，应当对其采取保护性措施约束至酒醒。

☞ 相关法条

《公安机关办理行政案件程序规定》第58条

☆☆ 第十六条　【有两种以上违法行为的处罚】 有两种以上违反治安管理行为的，分别决定，合并执行。行政拘留处罚合并执行的，最长不超过二十日。

注释

一人有两种以上违反治安管理行为的，分别决定，合并执行，可以制作一份决定书，分别写明对每种违法行为的处理内容和合并执行的内容。一个违反治安管理案件有多个违法行为人的，分别决定，可以制作一式多份决定书，写明给予每个人的处理决定，分别送达每一个违法行为人。

☞ **相关法条**

《公安机关办理行政案件程序规定》第161条

★★ **第十七条 【共同违法行为的处罚】** 共同违反治安管理的，根据违反治安管理行为人在违反治安管理行为中所起的作用，分别处罚。

教唆、胁迫、诱骗他人违反治安管理的，按照其教唆、胁迫、诱骗的行为处罚。

注释

共同违反治安管理，是指两个或者两个以上行为人的行为指向同一违反治安管理行为，并相互联系、相互配合，形成一个有机联系的违反治安管理活动整体。每个人的行为，都是违反治安管理有机体的一部分。在发生危害结果的情况下，每个人的行为都与危害结果之间具有因果关系。

教唆，是指采用授意、劝说、挑拨、怂恿或者其他方法，故意唆使他人违反治安管理的行为。胁迫，是指采用暴力、威胁、逼迫等方法，迫使他人违反治安管理的行为。胁迫包括暴力胁迫和非暴力胁迫两种。前者如以伤害他人身体相威胁，后者如对他人进行精神上的强制。诱骗，是指采用引诱、欺骗等方法，使他人上当受骗而违反治安管理的行为。上述三种行为都必须是故意实施的，如果由于行为人的过失行为引起他人违反治安管理的，则不是教唆、胁迫、诱骗。

★★ **第十八条　【单位违法的处罚】** 单位违反治安管理的，对其直接负责的主管人员和其他直接责任人员依照本法的规定处罚。其他法律、行政法规对同一行为规定给予单位处罚的，依照其规定处罚。

注释

单位违反治安管理，其他法律、行政法规对同一行为没有规定给予单位处罚的，不对单位处罚，但应当依照《治安管理处罚法》的规定，对其直接负责的主管人员和其他直接责任人员予以处罚。

☞ **相关法条**

《公安机关执行〈中华人民共和国治安管理处罚法〉有关问题的解释》第4条

★★ **第十九条　【减轻处罚或不予处罚的情形】** 违反治安管理有下列情形之一的，减轻处罚或者不予处罚：

（一）情节特别轻微的；

（二）主动消除或者减轻违法后果，并取得被侵害人谅解的；

（三）出于他人胁迫或者诱骗的；

（四）主动投案，向公安机关如实陈述自己的违法行为的；

（五）有立功表现的。

注释

违反治安管理行为人具有本条以及本法第 12 条、第 14 条规定的减轻处罚情节的，按下列规定适用：(1) 法定处罚种类只有一种，在该法定处罚种类的幅度以下减轻处罚；(2) 法定处罚种类只有一种，在该法定处罚种类的幅度以下无法再减轻处罚的，不予处罚；(3) 规定拘留并处罚款的，在法定处罚幅度以下单独或者同时减轻拘留和罚款，或者在法定处罚幅度内单处拘留；(4) 规定拘留可以并处罚款的，在拘留的法定处罚幅度以下减轻处罚；在拘留的法定处罚幅度以下无法再减轻处罚的，不予处罚。

☞ 相关法条

《公安机关执行〈中华人民共和国治安管理处罚法〉有关问题的解释》第 3 条

《公安机关执行〈中华人民共和国治安管理处罚法〉有关问题的解释（二）》第 4 条

《公安机关办理行政案件程序规定》第 159 条

第二十条　【从重处罚的情形】违反治安管理有下列情形之一的，从重处罚：

（一）有较严重后果的；

（二）教唆、胁迫、诱骗他人违反治安管理的；

（三）对报案人、控告人、举报人、证人打击报复的；

（四）六个月内曾受过治安管理处罚的。

注释

从重处罚，是指公安机关在法律、法规和规章规定的处罚方式和处罚幅度内，对于违反治安管理的行为人给予较重的处罚。具体来说，有两种情形：(1) 在几种可能的处罚方式中，选择较重的处罚方式，如对于一种违法行为可以处以警告、罚款、拘留的，选择拘留的处罚方式就是从重处罚；(2) 在同一种处罚方式允许的幅度内选择较高的幅度处罚，如公安机关对行为人可以“处 10 日以上 15 日以下拘留”，决定处以 14 日的拘留就是从重处罚。

此外，关于从重处罚，《公安机关办理行政案件程序规定》第 160 条还规定了另外两种“应当”从重处罚的情形：(1) 1 年内因同类违法行为受到 2 次以上公安行政处罚的；(2) 刑罚执行完毕 3 年内，或者在缓刑期间，违反治安管理的。

☞ **相关法条**

《公安机关办理行政案件程序规定》第160条

☆☆ **第二十一条 【应给予行政拘留处罚而不予执行的情形】** 违反治安管理行为人有下列情形之一，依照本法应当给予行政拘留处罚的，不执行行政拘留处罚：

（一）已满十四周岁不满十六周岁的；

（二）已满十六周岁不满十八周岁，初次违反治安管理的；

（三）七十周岁以上的；

（四）怀孕或者哺乳自己不满一周岁婴儿的。

注释

根据《公安机关执行〈中华人民共和国治安管理处罚法〉有关问题的解释（二）》第5条的规定，本条第2项规定的"初次违反治安管理"，是指行为人的违反治安管理行为第一次被公安机关发现或者查处。但具有下列情形之一的，不属于"初次违反治安管理"：(1) 曾违反治安管理，虽未被公安机关发现或者查处，但仍在法定追究时效内的；(2) 曾因不满16周岁违反治安管理，不执行行政拘留的；(3) 曾违反治安管理，经公安机关调解结案的；

(4) 曾被收容教养①、劳动教养②的；(5) 曾因实施扰乱公共秩序，妨害公共安全，侵犯人身权利、财产权利，妨害社会管理的行为被人民法院判处刑罚或者免除刑事处罚的。

☞ 相关法条

《公安机关执行〈中华人民共和国治安管理处罚法〉有关问题的解释（二）》第5条

☆☆ 第二十二条 【追究时效】 违反治安管理行为在六个月内没有被公安机关发现的，不再处罚。

前款规定的期限，从违反治安管理行为发生之日起计算；违反治安管理行为有连续或者继续状态的，从行为终了之日起计算。

☞ 相关法条

《公安机关执行〈中华人民共和国治安管理处罚法〉有关问题的解释》第3条

《公安机关办理行政案件程序规定》第154条

---

① 根据《全国人民代表大会常务委员会关于废止有关收容教育法律规定和制度的决定》，该制度已废止。

② 根据《全国人民代表大会常务委员会关于废止有关劳动教养法律规定的决定》，该制度已废止。

▶▶小测试◀◀①

1. 共同违反治安管理的，根据违反治安管理行为人在违反治安管理行为中所使用的手段，分别处罚。(　　)

2. 下列属于应当收缴的物品是：(　　)

   A. 赌博行为人在实施赌博行为的过程中偶然使用的交通工具、通讯工具

   B. 违反治安管理行为人借来的工具

   C. 违反治安管理行为人偷来的工具

   D. 注射毒品的用具

3. (　　) 违反治安管理的，不予处罚。

   A. 不满 14 周岁的人　　B. 已满 14 周岁不满 16 周岁的人

   C. 精神病人　　D. 怀孕的妇女

4. (　　) 违反治安管理的，从轻或者减轻处罚。

   A. 不满 14 周岁的人

   B. 已满 14 周岁不满 18 周岁的人

   C. 精神病人在不能辨认或者不能控制自己行为的时候

   D. 醉酒的人

5. 违反治安管理行为在____个月内没有被公安机关发现的，不再处罚。前述规定的期限，从____之日起计算；违反治安管理行为有连续或者继续状态的，从____之日起计算。

---

① 【答案】1. ×，解析：《治安管理处罚法》第 17 条。2. D。3. A。4. B。5. 6；违反治安管理行为发生；行为终了。

第三章　违反治安管理的行为和处罚

第一节　扰乱公共秩序的行为和处罚

☆ **第二十三条　【对扰乱单位、公共场所、公共交通和选举秩序行为的处罚】** 有下列行为之一的，处警告或者二百元以下罚款；情节较重的，处五日以上十日以下拘留，可以并处五百元以下罚款：

（一）扰乱机关、团体、企业、事业单位秩序，致使工作、生产、营业、医疗、教学、科研不能正常进行，尚未造成严重损失的；

（二）扰乱车站、港口、码头、机场、商场、公园、展览馆或者其他公共场所秩序的；

（三）扰乱公共汽车、电车、火车、船舶、航空器或者其他公共交通工具上的秩序的；

（四）非法拦截或者强登、扒乘机动车、船舶、航空器以及其他交通工具，影响交通工具正常行驶的；

（五）破坏依法进行的选举秩序的。

聚众实施前款行为的，对首要分子处十日以上十五日以下拘留，可以并处一千元以下罚款。

注释

对扰乱居（村）民委员会秩序的行为，应当根据其具体表现形式，如侮辱、诽谤、殴打他人、故意伤害、故意损毁财物等，依照本法的相关规定予以处罚。对破坏居（村）民委员会选举秩序的行为，应当依照本法第 23 条第 1 款第 5 项的规定予以处罚。

☞ 相关法条

《公安机关执行〈中华人民共和国治安管理处罚法〉有关问题的解释（二）》第 6 条

《违反公安行政管理行为的名称及其适用意见》第 24～33 条

《全国人民代表大会和地方各级人民代表大会选举法》

《刑法》第 256 条、第 290～291 条

☆ 第二十四条　【对扰乱文化、体育等大型群众性活动秩序的处罚】有下列行为之一，扰乱文化、体育等大型群众性活动秩序的，处警告或者二百元以下罚款；情节严重的，处五日以上十日以下拘留，可以并处五百元以下罚款：

（一）强行进入场内的；

（二）违反规定，在场内燃放烟花爆竹或者其他

物品的；

（三）展示侮辱性标语、条幅等物品的；

（四）围攻裁判员、运动员或者其他工作人员的；

（五）向场内投掷杂物，不听制止的；

（六）扰乱大型群众性活动秩序的其他行为。

因扰乱体育比赛秩序被处以拘留处罚的，可以同时责令其十二个月内不得进入体育场馆观看同类比赛；违反规定进入体育场馆的，强行带离现场。

☞ **相关法条**

《违反公安行政管理行为的名称及其适用意见》第34~39条

《烟花爆竹安全管理条例》第3条、第5条、第28~35条、第42条

☆☆ 第二十五条　【对扰乱公共秩序行为的处罚】 有下列行为之一的，处五日以上十日以下拘留，可以并处五百元以下罚款；情节较轻的，处五日以下拘留或者五百元以下罚款：

（一）散布谣言，谎报险情、疫情、警情或者以其他方法故意扰乱公共秩序的；

（二）投放虚假的爆炸性、毒害性、放射性、腐蚀性物质或者传染病病原体等危险物质扰乱公共秩序的；

（三）扬言实施放火、爆炸、投放危险物质扰乱公共秩序的。

☞ **相关法条**

《刑法》第 291 条之一

《违反公安行政管理行为的名称及其适用意见》第 40~42 条

☆☆ 第二十六条 【对寻衅滋事行为的处罚】 有下列行为之一的，处五日以上十日以下拘留，可以并处五百元以下罚款；情节较重的，处十日以上十五日以下拘留，可以并处一千元以下罚款：

（一）结伙斗殴的；

（二）追逐、拦截他人的；

（三）强拿硬要或者任意损毁、占用公私财物的；

（四）其他寻衅滋事行为。

注释

根据《刑法》第 293 条关于寻衅滋事罪的规定："有下列寻衅滋事行为之一，破坏社会秩序的，处五年以下有期徒刑、拘役或者管制：（一）随意殴打他人，情节恶劣的；（二）追逐、拦截、辱骂、恐吓他人，情节恶劣的；（三）强拿硬要或者任意损毁、占用公私财物，情节严重的；（四）在公共场所起哄闹事，造成公共场所秩序严重混乱的。纠集他人多次实施前款行为，严重破坏社会秩序的，处五年以上十年以下有期徒刑，可以并处罚金。”

☞ **相关法条**

《刑法》第293条

《违反公安行政管理行为的名称及其适用意见》第43条

☆ 第二十七条　【对利用封建迷信、会道门进行非法活动的处罚】

有下列行为之一的，处十日以上十五日以下拘留，可以并处一千元以下罚款；情节较轻的，处五日以上十日以下拘留，可以并处五百元以下罚款：

（一）组织、教唆、胁迫、诱骗、煽动他人从事邪教、会道门活动或者利用邪教、会道门、迷信活动，扰乱社会秩序、损害他人身体健康的；

（二）冒用宗教、气功名义进行扰乱社会秩序、损害他人身体健康活动的。

☞ **相关法条**

《违反公安行政管理行为的名称及其适用意见》第44～46条

《刑法》第300条

《宗教事务条例》

★★ 第二十八条　【对干扰无线电业务及无线电台（站）行为的处罚】 违反国家规定，故意干扰无线电业务正常进行的，或者对正常运行的无线电台（站）产生有害干扰，经有关主管部门指出后，拒不采取有效措施消除的，处五日以上十日以下拘留；情节严重的，处十日以上十五日以下拘留。

☞ **相关法条**

《违反公安行政管理行为的名称及其适用意见》第47～48条

★★ 第二十九条　【对侵入、破坏计算机信息系统行为的处罚】 有下列行为之一的，处五日以下拘留；情节较重的，处五日以上十日以下拘留：

（一）违反国家规定，侵入计算机信息系统，造成危害的；

（二）违反国家规定，对计算机信息系统功能进行删除、修改、增加、干扰，造成计算机信息系统不能正常运行的；

（三）违反国家规定，对计算机信息系统中存储、处理、传输的数据和应用程序进行删除、修改、增加的；

（四）故意制作、传播计算机病毒等破坏性程序，影响计算机信息系统正常运行的。

☞ **相关法条**

《违反公安行政管理行为的名称及其适用意见》第49~52条

《计算机信息系统安全保护条例》第7条、第20条、第23~24条、第26条

《互联网上网服务营业场所管理条例》第15条

《计算机信息网络国际联网安全保护管理办法》第6条、第20条

《刑法》第285~286条

第二节　妨害公共安全的行为和处罚

★★ 第三十条　【对违反危险物质管理行为的处罚】

违反国家规定，制造、买卖、储存、运输、邮寄、携带、使用、提供、处置爆炸性、毒害性、放射性、腐蚀性物质或者传染病病原体等危险物质的，处十日以上十五日以下拘留；情节较轻的，处五日以上十日以下拘留。

☞ **相关法条**

《违反公安行政管理行为的名称及其适用意见》第53条

《民用爆炸物品安全管理条例》第44条、第46~47条

《危险化学品安全管理条例》第55~70条

★★ 第三十一条　【对危险物质被盗、被抢、丢失不报行为的处罚】爆炸性、毒害性、放射性、腐蚀性物质或者传染病病原体等危险物质被盗、被抢或者丢失，未按规定报告的，处五日以下拘留；故意隐瞒不报的，处五日以上十日以下拘留。

☞ **相关法条**

《违反公安行政管理行为的名称及其适用意见》第 54 条

《危险化学品安全管理条例》第 23 条、第 51 条

★★ 第三十二条　【对非法携带管制器具行为的处罚】非法携带枪支、弹药或者弩、匕首等国家规定的管制器具的，处五日以下拘留，可以并处五百元以下罚款；情节较轻的，处警告或者二百元以下罚款。

非法携带枪支、弹药或者弩、匕首等国家规定的管制器具进入公共场所或者公共交通工具的，处五日以上十日以下拘留，可以并处五百元以下罚款。

☞ **相关法条**

《违反公安行政管理行为的名称及其适用意见》第 55 条

★★ 第三十三条　【对盗窃、损毁公共设施行为的处罚】有下列行为之一的，处十日以上十五日以下拘留：

（一）盗窃、损毁油气管道设施、电力电信设施、

广播电视设施、水利防汛工程设施或者水文监测、测量、气象测报、环境监测、地质监测、地震监测等公共设施的；

（二）移动、损毁国家边境的界碑、界桩以及其他边境标志、边境设施或者领土、领海标志设施的；

（三）非法进行影响国（边）界线走向的活动或者修建有碍国（边）境管理的设施的。

☞ **相关法条**

《违反公安行政管理行为的名称及其适用意见》第56~59条

《刑法》第118条、第124条、第323条

★★ 第三十四条 【对妨害航空器飞行安全行为的处罚】 盗窃、损坏、擅自移动使用中的航空设施，或者强行进入航空器驾驶舱的，处十日以上十五日以下拘留。

在使用中的航空器上使用可能影响导航系统正常功能的器具、工具，不听劝阻的，处五日以下拘留或者五百元以下罚款。

☞ **相关法条**

《违反公安行政管理行为的名称及其适用意见》第60~62条

★★ **第三十五条　【对妨害铁路运行安全行为的处罚】** 有下列行为之一的，处五日以上十日以下拘留，可以并处五百元以下罚款；情节较轻的，处五日以下拘留或者五百元以下罚款：

（一）盗窃、损毁或者擅自移动铁路设施、设备、机车车辆配件或者安全标志的；

（二）在铁路线路上放置障碍物，或者故意向列车投掷物品的；

（三）在铁路线路、桥梁、涵洞处挖掘坑穴、采石取沙的；

（四）在铁路线路上私设道口或者平交过道的。

☞ **相关法条**

《违反公安行政管理行为的名称及其适用意见》第 63～67 条

★★ **第三十六条　【对妨害列车行车安全行为的处罚】** 擅自进入铁路防护网或者火车来临时在铁路线路上行走坐卧、抢越铁路，影响行车安全的，处警告或者二百元以下罚款。

☞ **相关法条**

《违反公安行政管理行为的名称及其适用意见》第 68～69 条

☆☆ **第三十七条　【对妨害公共道路安全行为的处罚】** 有下列行为之一的，处五日以下拘留或者五百元以下罚款；情节严重的，处五日以上十日以下拘留，可以并处五百元以下罚款：

（一）未经批准，安装、使用电网的，或者安装、使用电网不符合安全规定的；

（二）在车辆、行人通行的地方施工，对沟井坎穴不设覆盖物、防围和警示标志的，或者故意损毁、移动覆盖物、防围和警示标志的；

（三）盗窃、损毁路面井盖、照明等公共设施的。

☞ **相关法条**

《违反公安行政管理行为的名称及其适用意见》第 70~74 条

☆ **第三十八条　【对违反规定举办大型活动行为的处罚】** 举办文化、体育等大型群众性活动，违反有关规定，有发生安全事故危险的，责令停止活动，立即疏散；对组织者处五日以上十日以下拘留，并处二百元以上五百元以下罚款；情节较轻的，处五日以下拘留或者五百元以下罚款。

生活小案例

某市一公园准备在中秋节举办大型赏月游园会，预定门票很快售完，公园见市场前景看好，便在公园能容纳的客流量之外又加售了大量门票。中秋之夜，大量游客涌进公园，再加上公园的引导、管理不到位，造成公园内的隧道、桥梁多处拥堵，有些游客被挤伤，而公园门外还聚集着大量游客要入园赏月。问：在这种情况下公安机关应采取什么措施？

答：公园作为本次中秋赏月游园会的组织者，明知所售门票大大超过了公园能够承受的客流量，但由于利益驱动仍加售门票，且园内缺乏疏导和管理，造成游客大量拥堵，情况十分危险。公园的行为已违反了举办大型活动的有关规定，有发生安全事故的危险情形，公安机关应当根据《治安管理处罚法》第38条的规定，责令其立即停止活动，结束游园会，并采取相应措施帮助疏导客流，保证游客安全。

☞ 相关法条

《违反公安行政管理行为的名称及其适用意见》第75条

《大型群众性活动安全管理条例》

★ 第三十九条　【对违反公共场所安全行为的处罚】旅馆、饭店、影剧院、娱乐场、运动场、展览馆或者其他供社会公众活动的场所的经营管理人员，违反安全规定，致使该场所有发生安全事故危险，经公安机关责令改正，拒不改正的，处五日以下拘留。

☞ **相关法条**

《违反公安行政管理行为的名称及其适用意见》第76条

《旅馆业治安管理办法》第3条

《娱乐场所管理条例》第20~22条

《娱乐场所治安管理办法》第8~18条

《互联网上网服务营业场所管理条例》第24条

第三节　侵犯人身权利、财产权利的行为和处罚

★★ 第四十条　【对恐怖表演、强迫劳动、限制人身自由行为的处罚】有下列行为之一的，处十日以上十五日以下拘留，并处五百元以上一千元以下罚款；情节较轻的，处五日以上十日以下拘留，并处二百元以上五百元以下罚款：

（一）组织、胁迫、诱骗不满十六周岁的人或者残疾人进行恐怖、残忍表演的；

（二）以暴力、威胁或者其他手段强迫他人劳动的；

（三）非法限制他人人身自由、非法侵入他人住

宅或者非法搜查他人身体的。

☞ **相关法条**

《违反公安行政管理行为的名称及其适用意见》第77~81条

《刑法》第238条、第244~245条

★★ **第四十一条　【对胁迫利用他人乞讨和滋扰乞讨行为的处罚】** 胁迫、诱骗或者利用他人乞讨的，处十日以上十五日以下拘留，可以并处一千元以下罚款。

反复纠缠、强行讨要或者以其他滋扰他人的方式乞讨的，处五日以下拘留或者警告。

☞ **相关法条**

《违反公安行政管理行为的名称及其适用意见》第82~83条

《刑法》第262条之一

★★ **第四十二条　【对侵犯人身权利六项行为的处罚】** 有下列行为之一的，处五日以下拘留或者五百元以下罚款；情节较重的，处五日以上十日以下拘留，可以并处五百元以下罚款：

（一）写恐吓信或者以其他方法威胁他人人身安全的；

（二）公然侮辱他人或者捏造事实诽谤他人的；

（三）捏造事实诬告陷害他人，企图使他人受到刑事追究或者受到治安管理处罚的；

（四）对证人及其近亲属进行威胁、侮辱、殴打或者打击报复的；

（五）多次发送淫秽、侮辱、恐吓或者其他信息，干扰他人正常生活的；

（六）偷窥、偷拍、窃听、散布他人隐私的。

注 释

要注意诽谤他人的违反治安管理行为与诽谤罪以及民事侵权行为的区别。诽谤他人，只有导致被侵害人自杀或者精神障碍等严重后果的，才构成诽谤罪。民事性质的侵权行为，不仅在违法程度上轻于违反治安管理的诽谤行为，还具有以下不同点：(1) 诽谤行为散布的必须是捏造的虚假的事实。如果散布的是客观存在的事实，即使有损于他人的人格、名誉，也不构成诽谤行为；而名誉侵权行为，即使所述的内容是真实的，但只要是法律禁止公开宣扬的，公开了将有损于他人人格、名誉的，也可以构成名誉侵权。(2) 诽谤行为在主观方面必须是故意，而民事侵权的主观过错还包括过失。

另外，还要注意诽谤行为和侮辱行为的区分。两行为的不同之处在于诽谤行为必须是捏造事实，而侮辱行为不是以捏造的方式进行；诽谤行为只能用语言、文字进行，不能用暴力进行，而侮辱行为既可以使用暴力性质手段，也可以用语言、文字进行。

☞ 相关法条

《违反公安行政管理行为的名称及其适用意见》第 84~90 条

《刑法》第 243 条、第 246 条、第 308 条

第四十三条 【对殴打或故意伤害他人身体行为的处罚】 殴打他人的，或者故意伤害他人身体的，处五日以上十日以下拘留，并处二百元以上五百元以下罚款；情节较轻的，处五日以下拘留或者五百元以下罚款。

有下列情形之一的，处十日以上十五日以下拘留，并处五百元以上一千元以下罚款：

（一）结伙殴打、伤害他人的；

（二）殴打、伤害残疾人、孕妇、不满十四周岁的人或者六十周岁以上的人的；

（三）多次殴打、伤害他人或者一次殴打、伤害多人的。

注释

“殴打他人”，是指行为人公然打人，其行为方式主要是拳打脚踢，一般只是造成他人身体皮肉暂时的疼痛，被打的人并不一定会受伤。“故意伤害他人身体”是指非法损害他人身体健康的行为。伤害他人的形式是多种多样的，包括用石头、棍棒打人，驱使动物咬人，用针扎人，用开水烫人等。这种伤害行为已经给他人的身体造成了轻微伤害，但尚不构成犯罪。

注意，对违反本条第 2 款第 2 项规定行为的处罚，不要求行为人主观上必须明知殴打、伤害的对象为残疾人、孕妇、不满 14 周岁的人或者 60 周岁以上的人。

生活小案例

梁某在电梯内看到张某某（学生）欺负一女学生，随即上前警告。在张某某表示不满后，梁某用左手在张某某前胸部打了一拳。张某某的母亲向市公安局城关分局（以下简称城关分局）报案。城关分局根据《治安管理处罚法》第 43 条第 2 款第 2 项之规定，对梁某殴打未成年人张某某的行为处以行政拘留 15 日的处罚。问：城关分局对梁某予以行政处罚，适用法律是否正确？

答：梁某因指责张某某欺负女同学，在张某某拒不认错的情况下，出于教育、警示的目的，对待张某某未采用理性、克制的态度，而是采用过激的方式打了张某某一拳，该行为违法。但梁某实施该行为并非以故意伤害为目的，亦未造成不良后果。城关分局未全面、客观地调查收集梁某违法情节轻重的证据，在作出行政处罚时未考虑梁某的行为动机、是否造成了危害后果以及梁某行为的社会危害性的大小等影响处罚幅度的因素，未坚持教育与处罚相结合的原则，故其作出的处罚决定证据不足，适用法律错误。

☞ 相关法条

《违反公安行政管理行为的名称及其适用意见》第 91～92 条

《公安机关执行〈中华人民共和国治安管理处罚法〉有关问题的解释（二）》第 7~8 条

★★ 第四十四条　【对猥亵他人和在公共场所裸露身体行为的处罚】 猥亵他人的，或者在公共场所故意裸露身体，情节恶劣的，处五日以上十日以下拘留；猥亵智力残疾人、精神病人、不满十四周岁的人或者有其他严重情节的，处十日以上十五日以下拘留。

☞ 相关法条

《违反公安行政管理行为的名称及其适用意见》第 93～94 条

第四十五条　【对虐待家庭成员、遗弃被扶养人行为的处罚】有下列行为之一的，处五日以下拘留或者警告：

（一）虐待家庭成员，被虐待人要求处理的；

（二）遗弃没有独立生活能力的被扶养人的。

注释

“虐待家庭成员”，是指经常用打骂、冻饿、禁闭、强迫过度劳动、有病不给治疗等方法，摧残折磨家庭成员，情节尚不恶劣，尚不构成刑事犯罪的行为。注意，对此类行为的处罚必须以被虐待人提出处理要求为前提。

“遗弃”，指对于年老、年幼、患病或者其他没有独立生活能力的人，负有扶养义务而拒绝扶养的行为。这里的扶养，指广义上的扶养，即包括抚养、赡养及狭义扶养。“没有独立生活能力”，是指不具备或者丧失劳动能力，无生活来源而需要他人照顾等情况，包括年老、年幼、患病或者其他没有独立生活能力的情形。

相关法条

《刑法》第260~261条

第四十六条　【对强迫交易行为的处罚】强买强卖商品，强迫他人提供服务或者强迫他人接受服务的，处五日以上十日以下拘留，并处二百元以上五百元以下罚款；情节较轻的，处五日以下拘留或者五百元以下罚款。

☞ **相关法条**

《最高人民检察院、公安部关于公安机关管辖的刑事案件立案追诉标准的规定（一）》第28条

《刑法》第226条

★ **第四十七条　【对煽动民族仇恨、民族歧视行为的处罚】** 煽动民族仇恨、民族歧视，或者在出版物、计算机信息网络中刊载民族歧视、侮辱内容的，处十日以上十五日以下拘留，可以并处一千元以下罚款。

☞ **相关法条**

《刑法》第249~250条

《互联网上网服务营业场所管理条例》第14条

★ **第四十八条　【对侵犯通信自由行为的处罚】** 冒领、隐匿、毁弃、私自开拆或者非法检查他人邮件的，处五日以下拘留或者五百元以下罚款。

注释

公民的通信自由是宪法规定的一项基本权利，包括通信自由和通信秘密两个方面。本条所称“冒领”，是指假冒他人名义领取邮件的行为。“隐匿”，是指将他人投寄的

邮件秘密隐匿起来，使收件人无法查收的行为。“毁弃”，是指将他人的邮件予以丢弃、撕毁、焚毁等，致使他人无法查收的行为。“私自开拆”，是指违反国家有关规定，未经投寄人或者收件人的同意，私自开拆他人邮件的行为。“非法检查”，是指违反国家有关规定，擅自检查他人邮件的行为。

如果行为人误将他人的邮件当作自己的邮件拿走，或者误将他人的邮件当作自己的邮件而开拆，或因疏忽大意丢失他人邮件等，不属于本条规定的违反治安管理行为。

第四十九条　【对盗窃、诈骗、哄抢、抢夺、敲诈勒索、损毁公私财物行为的处罚】盗窃、诈骗、哄抢、抢夺、敲诈勒索或者故意损毁公私财物的，处五日以上十日以下拘留，可以并处五百元以下罚款；情节较重的，处十日以上十五日以下拘留，可以并处一千元以下罚款。

注释

“盗窃”，是指以非法占有为目的，秘密窃取少量公私财物，尚不构成刑事犯罪的行为。“哄抢”，是指以非法占有为目的，乘乱夺取少量公私财物，尚不构成刑事犯罪的行为。“抢夺”，是以非法占有为目的，公然夺取公私财物，尚不构成刑事犯罪的行为。“敲诈勒索”，是以非法占有为目的，对公私财物的所有人、管理人使用威胁或要挟的方法，勒索少量公私财物，尚不构成刑事犯罪的行为。“损毁”，是指使物品部分或全部丧失其价值或使用价值。损毁公私财物的方法，多种多样。故意损毁公私财物行为，必须达到数额较大或有其他严重情节的才构成犯罪。

☞ **相关法条**

《违反公安行政管理行为的名称及其适用意见》第 101~106 条

《刑法》第 263~267 条、第 274~275 条

第四节　妨害社会管理的行为和处罚

☆☆ **第五十条　【对拒不执行紧急状态决定、命令和阻碍执行公务的处罚】** 有下列行为之一的，处警告或者二百元以下罚款；情节严重的，处五日以上十日以下拘留，可以并处五百元以下罚款：

（一）拒不执行人民政府在紧急状态情况下依法发布的决定、命令的；

（二）阻碍国家机关工作人员依法执行职务的；

（三）阻碍执行紧急任务的消防车、救护车、工

程抢险车、警车等车辆通行的；

（四）强行冲闯公安机关设置的警戒带、警戒区的。

阻碍人民警察依法执行职务的，从重处罚。

☞ **相关法条**

《违反公安行政管理行为的名称及其适用意见》第107~110条

《刑法》第277条

★★ **第五十一条　【对招摇撞骗行为的处罚】** 冒充国家机关工作人员或者以其他虚假身份招摇撞骗的，处五日以上十日以下拘留，可以并处五百元以下罚款；情节较轻的，处五日以下拘留或者五百元以下罚款。

冒充军警人员招摇撞骗的，从重处罚。

注释

根据《刑法》第279条的规定："冒充国家机关工作人员招摇撞骗的，处三年以下有期徒刑、拘役、管制或者剥夺政治权利；情节严重的，处三年以上十年以下有期徒刑。冒充人民警察招摇撞骗的，依照前款的规定从重处罚。"

★★ **第五十二条　【对伪造、变造、买卖文件、证件、票证行为的处罚】** 有下列行为之一的，处十日以上十五日以下拘留，可以并处一千元以下罚款；情节较轻的，处五日以上十日以下拘留，可以并处五百元以下罚款：

（一）伪造、变造或者买卖国家机关、人民团体、企业、事业单位或者其他组织的公文、证件、证明文件、印章的；

（二）买卖或者使用伪造、变造的国家机关、人民团体、企业、事业单位或者其他组织的公文、证件、证明文件的；

（三）伪造、变造、倒卖车票、船票、航空客票、文艺演出票、体育比赛入场券或者其他有价票证、凭证的；

（四）伪造、变造船舶户牌，买卖或者使用伪造、变造的船舶户牌，或者涂改船舶发动机号码的。

☞ **相关法条**

《最高人民检察院、公安部关于公安机关管辖的刑事案件立案追诉标准的规定（一）》第30条

《刑法》第227条

★ **第五十三条　【对船舶擅自进入禁、限入水域或岛屿行为的处罚】**船舶擅自进入、停靠国家禁止、限制进入的水域或者岛屿的，对船舶负责人及有关责任人员处五百元以上一千元以下罚款；情节严重的，处

五日以下拘留，并处五百元以上一千元以下罚款。

☞ **相关法条**

《违反公安行政管理行为的名称及其适用意见》第 118 条

★★ **第五十四条 【对违法设立社会团体行为的处罚】** 有下列行为之一的，处十日以上十五日以下拘留，并处五百元以上一千元以下罚款；情节较轻的，处五日以下拘留或者五百元以下罚款：

（一）违反国家规定，未经注册登记，以社会团体名义进行活动，被取缔后，仍进行活动的；

（二）被依法撤销登记的社会团体，仍以社会团体名义进行活动的；

（三）未经许可，擅自经营按照国家规定需要由公安机关许可的行业的。

有前款第三项行为的，予以取缔。

取得公安机关许可的经营者，违反国家有关管理规定，情节严重的，公安机关可以吊销许可证。

☞ **相关法条**

《公安机关执行〈中华人民共和国治安管理处罚法〉有关问题的解释》第 4 条、第 6 条

《违反公安行政管理行为的名称及其适用意见》第 119～121 条

《社会团体登记管理条例》第32条

★ **第五十五条　【对非法集会、游行、示威行为的处罚】** 煽动、策划非法集会、游行、示威，不听劝阻的，处十日以上十五日以下拘留。

☞ **相关法条**

《集会游行示威法》第7条、第12条

《最高人民检察院、公安部关于公安机关管辖的刑事案件立案追诉标准的规定（一）》第38~40条

★ **第五十六条　【对旅馆工作人员违反规定行为的处罚】** 旅馆业的工作人员对住宿的旅客不按规定登记姓名、身份证件种类和号码的，或者明知住宿的旅客将危险物质带入旅馆，不予制止的，处二百元以上五百元以下罚款。

旅馆业的工作人员明知住宿的旅客是犯罪嫌疑人员或者被公安机关通缉的人员，不向公安机关报告的，处二百元以上五百元以下罚款；情节严重的，处五日以下拘留，可以并处五百元以下罚款。

☞ **相关法条**

《违反公安行政管理行为的名称及其适用意见》第123~125条

《旅馆业治安管理办法》

★★ **第五十七条　【对违法出租房屋行为的处罚】** 房屋出租人将房屋出租给无身份证件的人居住的，或者不按规定登记承租人姓名、身份证件种类和号码的，处二百元以上五百元以下罚款。

房屋出租人明知承租人利用出租房屋进行犯罪活动，不向公安机关报告的，处二百元以上五百元以下罚款；情节严重的，处五日以下拘留，可以并处五百元以下罚款。

☞ **相关法条**

《租赁房屋治安管理规定》

☆☆☆ **第五十八条　【对制造噪声干扰他人生活行为的处罚】** 违反关于社会生活噪声污染防治的法律规定，制造噪声干扰他人正常生活的，处警告；警告后不改正的，处二百元以上五百元以下罚款。

★ **第五十九条　【对违法典当、收购行为的处罚】** 有下列行为之一的，处五百元以上一千元以下罚款；情节严重的，处五日以上十日以下拘留，并处五百元以上一千元以下罚款：

（一）典当业工作人员承接典当的物品，不查验有关证明、不履行登记手续，或者明知是违法犯罪嫌疑人、赃物，不向公安机关报告的；

（二）违反国家规定，收购铁路、油田、供电、电信、矿山、水利、测量和城市公用设施等废旧专用器材的；

（三）收购公安机关通报寻查的赃物或者有赃物嫌疑的物品的；

（四）收购国家禁止收购的其他物品的。

☞ **相关法条**

《违反公安行政管理行为的名称及其适用意见》第130~134条

《典当管理办法》

☆☆ 第六十条　【对妨害执法秩序行为的处罚】 有下列行为之一的，处五日以上十日以下拘留，并处二百元以上五百元以下罚款：

（一）隐藏、转移、变卖或者损毁行政执法机关依法扣押、查封、冻结的财物的；

（二）伪造、隐匿、毁灭证据或者提供虚假证言、谎报案情，影响行政执法机关依法办案的；

（三）明知是赃物而窝藏、转移或者代为销售的；

（四）被依法执行管制、剥夺政治权利或者在缓刑、暂予监外执行中的罪犯或者被依法采取刑事强制措施的人，有违反法律、行政法规或者国务院有关部门的监督管理规定的行为。

注释

根据《刑法》第312条的规定："明知是犯罪所得及其产生的收益而予以窝藏、转移、收购、代为销售或者以其他方法掩饰、隐瞒的，处三年以下有期徒刑、拘役或者管制，并处或者单处罚金；情节严重的，处三年以上七年以下有期徒刑，并处罚金。单位犯前款罪的，对单位判处罚金，并对其直接负责的主管人员和其他直接责任人员，依照前款的规定处罚。"根据《刑法》第314条的规定："隐藏、转移、变卖、故意毁损已被司法机关查封、扣押、冻结的财产，情节严重的，处三年以下有期徒刑、拘役或者罚金。"

☞ 相关法条

《刑法》第312条、第314条

《违反公安行政管理行为的名称及其适用意见》第135～140条

★ 第六十一条　【对协助组织、运送他人偷越国（边）境行为的处罚】 协助组织或者运送他人偷越国（边）境的，处十日以上十五日以下拘留，并处一千元以上五千元以下罚款。

☞ **相关法条**

《公安机关执行〈中华人民共和国治安管理处罚法〉有关问题的解释（二）》第9条

★ **第六十二条　【对偷越国（边）境行为的处罚】** 为偷越国（边）境人员提供条件的，处五日以上十日以下拘留，并处五百元以上二千元以下罚款。

偷越国（边）境的，处五日以下拘留或者五百元以下罚款。

☞ **相关法条**

《公安机关执行〈中华人民共和国治安管理处罚法〉有关问题的解释（二）》第9条

★ **第六十三条　【对妨害文物管理行为的处罚】** 有下列行为之一的，处警告或者二百元以下罚款；情节较重的，处五日以上十日以下拘留，并处二百元以上五百元以下罚款：

（一）刻划、涂污或者以其他方式故意损坏国家保护的文物、名胜古迹的；

（二）违反国家规定，在文物保护单位附近进行爆破、挖掘等活动，危及文物安全的。

★★ **第六十四条　【对非法驾驶交通工具行为的处罚】** 有下列行为之一的，处五百元以上一千元以下罚款；情节严重的，处十日以上十五日以下拘留，并处五百元以上一千元以下罚款：

（一）偷开他人机动车的；

（二）未取得驾驶证驾驶或者偷开他人航空器、机动船舶的。

注释

本条所称“偷开”，是指在不为机动车、航空器、机动船舶所有人知晓的情况下，行为人秘密开走机动车、航空器、机动船舶，使其不受所有人控制的行为。“未取得驾驶证驾驶”，是指没有经过专门的训练，没有取得合法的驾驶机动车、航空器、机动船舶的专业驾驶证书而从事驾驶的行为。

☞ **相关法条**

《最高人民法院、最高人民检察院关于办理盗窃刑事案件适用法律若干问题的解释》第10条

☆☆ 第六十五条 【对破坏他人坟墓、尸体和乱停放尸体行为的处罚】 有下列行为之一的，处五日以上十日以下拘留；情节严重的，处十日以上十五日以下拘留，可以并处一千元以下罚款：

（一）故意破坏、污损他人坟墓或者毁坏、丢弃他人尸骨、骨灰的；

（二）在公共场所停放尸体或者因停放尸体影响他人正常生活、工作秩序，不听劝阻的。

★★ **第六十六条　【对卖淫、嫖娼行为的处罚】** 卖淫、嫖娼的，处十日以上十五日以下拘留，可以并处五千元以下罚款；情节较轻的，处五日以下拘留或者五百元以下罚款。

在公共场所拉客招嫖的，处五日以下拘留或者五百元以下罚款。

注释

"卖淫、嫖娼"，是指不特定的异性之间或者同性之间以金钱、财物为媒介，发生性关系的行为。客观上，卖淫嫖娼的行为既可以发生在异性之间，也可以发生在同性之间，发生性行为的方式也有多种。但是要注意将此行为区别于一般娱乐业、饮食服务业等一些场所为了招揽生意，引诱、组织一些女子同顾客进行一些下流的举动和行为，但是没有发生性关系，对这些行为就不应当按照卖淫、嫖娼来处理。

"在公共场所拉客招嫖"，是指行为人在公共场所，如宾馆、饭店、娱乐场所、街道等区域，以语言挑逗或者肢体动作强拉硬拽等方式，意图使他人嫖娼的行为。构成该行为需要同时满足三个条件：公共场所、拉客、招嫖。

☞ **相关法条**

《娱乐场所管理条例》第14条、第30条

《违反公安行政管理行为的名称及其适用意见》第151~153条

★★ **第六十七条　【对引诱、容留、介绍他人卖淫行为的处罚】** 引诱、容留、介绍他人卖淫的，处十日以上十五日以下拘留，可以并处五千元以下罚款；情节较轻的，处五日以下拘留或者五百元以下罚款。

☞ **相关法条**

《刑法》第358~359条

★★ **第六十八条　【对传播淫秽信息行为的处罚】** 制作、运输、复制、出售、出租淫秽的书刊、图片、影片、音像制品等淫秽物品或者利用计算机信息网络、电话以及其他通讯工具传播淫秽信息的，处十日以上十五日以下拘留，可以并处三千元以下罚款；情节较轻的，处五日以下拘留或者五百元以下罚款。

☞ **相关法条**

《刑法》第363~364条、第367条

《违反公安行政管理行为的名称及其适用意见》第155~156条

《互联网上网服务营业场所管理条例》第14条

★★ 第六十九条 【对组织、参与淫秽活动的处罚】 有下列行为之一的，处十日以上十五日以下拘留，并处五百元以上一千元以下罚款：

（一）组织播放淫秽音像的；

（二）组织或者进行淫秽表演的；

（三）参与聚众淫乱活动的。

明知他人从事前款活动，为其提供条件的，依照前款的规定处罚。

☞ 相关法条

《刑法》第301条、第364~365条

《最高人民检察院、公安部关于公安机关管辖的刑事案件立案追诉标准的规定（一）》第41条、第85~86条

☆★★ 第七十条 【对赌博行为的处罚】 以营利为目的，为赌博提供条件的，或者参与赌博赌资较大的，处五日以下拘留或者五百元以下罚款；情节严重的，处十日以上十五日以下拘留，并处五百元以上三千元以下罚款。

注释

根据《刑法》第303条的规定："以营利为目的，聚众赌博或者以赌博为业的，处三年以下有期徒刑、拘役或者管制，并处罚金。开设赌场的，处五年以下有期徒刑、

拘役或者管制，并处罚金；情节严重的，处五年以上十年以下有期徒刑，并处罚金。组织中华人民共和国公民参与国（境）外赌博，数额巨大或者有其他严重情节的，依照前款的规定处罚。”

☞ **相关法条**

《刑法》第303条

《娱乐场所管理条例》第14条

★ **第七十一条 【对涉及毒品原植物行为的处罚】**

有下列行为之一的，处十日以上十五日以下拘留，可以并处三千元以下罚款；情节较轻的，处五日以下拘留或者五百元以下罚款：

（一）非法种植罂粟不满五百株或者其他少量毒品原植物的；

（二）非法买卖、运输、携带、持有少量未经灭活的罂粟等毒品原植物种子或者幼苗的；

（三）非法运输、买卖、储存、使用少量罂粟壳的。

有前款第一项行为，在成熟前自行铲除的，不予处罚。

☞ **相关法条**

《刑法》第 351 条

《禁毒法》第 19~20 条

⁂ **第七十二条 【对毒品违法行为的处罚】**有下列行为之一的，处十日以上十五日以下拘留，可以并处二千元以下罚款；情节较轻的，处五日以下拘留或者五百元以下罚款：

（一）非法持有鸦片不满二百克、海洛因或者甲基苯丙胺不满十克或者其他少量毒品的；

（二）向他人提供毒品的；

（三）吸食、注射毒品的；

（四）胁迫、欺骗医务人员开具麻醉药品、精神药品的。

☞ **相关法条**

《公安机关执行〈中华人民共和国治安管理处罚法〉有关问题的解释（二）》第 9 条

⁂ **第七十三条 【对教唆、引诱、欺骗他人吸食、注射毒品行为的处罚】**教唆、引诱、欺骗他人吸食、注射毒品的，处十日以上十五日以下拘留，并处五百元以上二千元以下罚款。

★ **第七十四条　【对服务行业人员通风报信行为的处罚】** 旅馆业、饮食服务业、文化娱乐业、出租汽车业等单位的人员，在公安机关查处吸毒、赌博、卖淫、嫖娼活动时，为违法犯罪行为人通风报信的，处十日以上十五日以下拘留。

☞ **相关法条**

《刑法》第362条

★★ **第七十五条　【对饲养动物违法行为的处罚】** 饲养动物，干扰他人正常生活的，处警告；警告后不改正的，或者放任动物恐吓他人的，处二百元以上五百元以下罚款。

驱使动物伤害他人的，依照本法第四十三条第一款的规定处罚。

★ **第七十六条　【对屡教不改行为的处罚】** 有本法第六十七条、第六十八条、第七十条的行为，屡教不改的，可以按照国家规定采取强制性教育措施。

☞ **相关法条**

《公安机关执行〈中华人民共和国治安管理处罚法〉有关问题的解释》第7条

▶▶小测试◀◀①

1. 猥亵他人行为侵犯的对象只能是女性。(　　)

2. 虐待家庭成员，被虐待人要求处理的，才能给予治安管理处罚。(　　)

3. 过于频繁地或者在休息时间发送提供服务、商品的信息或者其他信息，可能干扰他人正常生活的，也可以构成违反治安管理行为。(　　)

4. 单位能构成违反危险物质管理规定行为的主体。(　　)

5. 非法侵入计算机信息系统行为，其侵入的信息系统是国家事务、国防建设、尖端科学领域的计算机系统。(　　)

6. 违反国家规定，故意干扰无线电业务正常进行的，或者对正常运行的无线电台（站）产生有害干扰，经有关主管部门指出后，(　　)，处5日以上10日以下拘留；情节严重的，处10日以上15日以下拘留。

   A. 拒不接受批评的　　B. 拒不采取有效措施消除的

   C. 及时改正的　　D. 不再从事同类行为的

7. 擅自进入铁路防护网或者火车来临时在铁路线路上行走坐卧、抢越铁路，影响行车安全的，处警告或者(　　)

① 【答案】1. ×，解析：《治安管理处罚法》第44条。2. √。3. √。4. √。5. ×，解析：《治安管理处罚法》第29条。6. B。7. B。8. B。9. B。10. D。11. B。12. D。13. A。14. C。15. D。16. 强制性教育。

以下罚款。

A. 100 元　　B. 200 元

C. 500 元　　D. 1000 元

8. 组织、胁迫、诱骗不满 16 周岁的人或者残疾人进行恐怖、残忍表演的，处 10 日以上 15 日以下拘留，（　　）500 元以上 1000 元以下罚款。

A. 单处　　B. 并处

C. 可以单处　　D. 可以并处

9. 房屋出租人将房屋出租给无身份证件的人居住的，处（　　）罚款。

A. 200 元以下　　B. 200 元以上 500 元以下

C. 500 元以下　　D. 500 元以上 1000 元以下

10. 无证驾驶航空器发生事故的，处（　　）拘留，并处 500 元以上 1000 元以下的罚款。

A. 5 日以下　　B. 5 日以上 10 日以下

C. 10 日以下　　D. 10 日以上 15 日以下

11. 在公共场所拉客招嫖的，处 5 日以下拘留或者（　　）以下罚款。

A. 200 元　　B. 500 元

C. 2000 元　　D. 5000 元

12. 非法种植罂粟不满（　　）株或者其他少量毒品原植物的，构成违反治安管理行为。

A. 100　　　B. 200

C. 300　　　D. 500

13. 饲养动物，干扰他人正常生活的，处（　　）。

A. 警告

B. 200 元以下罚款

C. 200 元以上 500 元以下罚款

D. 500 元以下罚款

14. 违反关于社会生活噪声污染防治的法律规定，制造噪声干扰他人正常生活的，处警告；警告后不改正的，处（　　）。

A. 警告

B. 200 元以下罚款

C. 200 元以上 500 元以下罚款

D. 500 元以下罚款

15. 涂改船舶发动机号码的，处 10 日以上 15 日以下拘留，（　　）1000 元以下罚款。

A. 单处　　　B. 并处

C. 可以单处　　　D. 可以并处

16. 以营利为目的，为赌博提供条件，屡教不改的，可以按照国家规定采取____措施。

第四章　处罚程序

第一节　调　　查

★★ **第七十七条　【受理治安案件须登记】** 公安机关对报案、控告、举报或者违反治安管理行为人主动投案，以及其他行政主管部门、司法机关移送的违反治安管理案件，应当及时受理，并进行登记。

☞ **相关法条**

《公安机关办理行政案件程序规定》第60~65条

★ **第七十八条　【受理治安案件后的处理】** 公安机关受理报案、控告、举报、投案后，认为属于违反治安管理行为的，应当立即进行调查；认为不属于违反治安管理行为的，应当告知报案人、控告人、举报人、投案人，并说明理由。

☞ **相关法条**

《公安机关办理行政案件程序规定》第49~59条

★★ **第七十九条　【严禁非法取证】** 公安机关及其人民警察对治安案件的调查，应当依法进行。严禁刑讯逼供或者采用威胁、引诱、欺骗等非法手段收集证据。

以非法手段收集的证据不得作为处罚的根据。

注释

公安机关必须依照法定程序，收集能够证实违法嫌疑人是否违法、违法情节轻重的证据。严禁刑讯逼供和以威胁、欺骗等非法方法收集证据。采用刑讯逼供等非法方法收集的违法嫌疑人的陈述和申辩以及采用暴力、威胁等非法方法收集的被侵害人陈述、其他证人证言，不能作为定案的根据。收集物证、书证不符合法定程序，可能严重影响执法公正的，应当予以补正或者作出合理解释；不能补正或者作出合理解释的，不能作为定案的根据。

☞ **相关法条**

《公安机关办理行政案件程序规定》第27条

★ **第八十条　【公安机关的保密义务】** 公安机关及其人民警察在办理治安案件时，对涉及的国家秘密、商业秘密或者个人隐私，应当予以保密。

☞ **相关法条**

《公安机关办理行政案件程序规定》第8条

★★ **第八十一条　【关于回避的规定】** 人民警察在办理治安案件过程中，遇有下列情形之一的，应当回避；违反治安管理行为人、被侵害人或者其法定代理人也有权要求他们回避：

（一）是本案当事人或者当事人的近亲属的；

（二）本人或者其近亲属与本案有利害关系的；

（三）与本案当事人有其他关系，可能影响案件公正处理的。

人民警察的回避，由其所属的公安机关决定；公安机关负责人的回避，由上一级公安机关决定。

注释

在公安机关作出回避决定前，办案人民警察不得停止对行政案件的调查。作出回避决定后，公安机关负责人、办案人民警察不得再参与该行政案件的调查和审核、审批工作。被决定回避的公安机关负责人、办案人民警察、鉴定人和翻译人员，在回避决定作出前所进行的与案件有关的活动是否有效，由作出回避决定的公安机关根据是否影响案件依法公正处理等情况决定。

生活小案例

纺织女工小林因与工友小宇发生口角而怀恨在心，回家后将此事用手势告知了聋哑的丈夫小周，并要丈夫教训小宇为自己出气。次日晚，小周拦下晚归的小宇，对其拳打脚踢。经医疗诊断，小宇身上多处受伤，伤势轻微。小宇报案后，A 区公安分局派民警肖某负责此案。但小宇以肖某系小林的同学，两人交往甚密为由，申请肖某回避。问：肖某是否应当回避？为什么？

答：小宇要求肖某回避符合《治安管理处罚法》的规定，肖某应当回避。肖某系违反治安管理行为人小林的同学，且两人交往甚密，如果由肖某办理此案很可能会影响案件的公正处理，属于《治安管理处罚法》第 81 条第 1 款第 3 项规定的回避情形。

☞ **相关法条**

《公安机关办理行政案件程序规定》第 17~25 条

第八十二条　【关于传唤的规定】需要传唤违反治安管理行为人接受调查的，经公安机关办案部门负责人批准，使用传唤证传唤。对现场发现的违反治安管理行为人，人民警察经出示工作证件，可以口头传唤，但应当在询问笔录中注明。

公安机关应当将传唤的原因和依据告知被传唤人。对无正当理由不接受传唤或者逃避传唤的人，可以强制传唤。

☞ **相关法条**

《公安机关办理行政案件程序规定》第 66~69 条

《公安机关执行〈中华人民共和国治安管理处罚法〉有关

问题的解释》第 8 条

第八十三条　【传唤后的询问期限与通知义务】 对违反治安管理行为人，公安机关传唤后应当及时询问查证，询问查证的时间不得超过八小时；情况复杂，依照本法规定可能适用行政拘留处罚的，询问查证的时间不得超过二十四小时。

公安机关应当及时将传唤的原因和处所通知被传唤人家属。

☞ 相关法条

《公安机关办理行政案件程序规定》第 70~72 条

《公安机关执行〈中华人民共和国治安管理处罚法〉有关问题的解释》第 8 条

第八十四条　【询问笔录、书面材料与询问不满十六周岁行为人的规定】 询问笔录应当交被询问人核对；对没有阅读能力的，应当向其宣读。记载有遗漏或者差错的，被询问人可以提出补充或者更正。被询问人确认笔录无误后，应当签名或者盖章，询问的人民警察也应当在笔录上签名。

被询问人要求就被询问事项自行提供书面材料的，应当准许；必要时，人民警察也可以要求被询问人自行书写。

询问不满十六周岁的违反治安管理行为人，应当通知其父母或者其他监护人到场。

注释

询问不满16周岁的违反治安管理行为人、被侵害人或者其他证人，应当通知其父母或者其他监护人到场。上述人员父母双亡，又没有其他监护人的，因种种原因无法找到其父母或者其他监护人的，以及其父母或者其他监护人收到通知后拒不到场或者不能及时到场的，办案民警应当将有关情况在笔录中注明。

为保证询问的合法性和证据的有效性，在被询问人的父母或者其他监护人不能到场时，可以邀请办案地居（村）民委员会的人员，或者被询问人在办案地有完全行为能力的亲友，或者所在学校的教师，或者其他见证人到场。询问笔录应当由办案民警、被询问人、见证人签名或者盖章。有条件的地方，还可以对询问过程进行录音、录像。

☞ 相关法条

《公安机关办理行政案件程序规定》第75条、第77条、第80条

《公安机关执行〈中华人民共和国治安管理处罚法〉有关问题的解释》第9条

☆☆☆ **第八十五条　【询问被侵害人和其他证人的规定】** 人民警察询问被侵害人或者其他证人，可以到其所在单位或者住处进行；必要时，也可以通知其到公安机关提供证言。

人民警察在公安机关以外询问被侵害人或者其他证人，应当出示工作证件。

询问被侵害人或者其他证人，同时适用本法第八十四条的规定。

☞ **相关法条**

《公安机关办理行政案件程序规定》第 79 条

《公安机关执行〈中华人民共和国治安管理处罚法〉有关问题的解释》第 9 条

★ **第八十六条　【询问中的语言帮助】** 询问聋哑的违反治安管理行为人、被侵害人或者其他证人，应当有通晓手语的人提供帮助，并在笔录上注明。

询问不通晓当地通用的语言文字的违反治安管理行为人、被侵害人或者其他证人，应当配备翻译人员，并在笔录上注明。

☞ **相关法条**

《公安机关办理行政案件程序规定》第 76 条

☆☆☆ **第八十七条　【检查应遵守的程序】** 公安机关对

与违反治安管理行为有关的场所、物品、人身可以进行检查。检查时，人民警察不得少于二人，并应当出示工作证件和县级以上人民政府公安机关开具的检查证明文件。对确有必要立即进行检查的，人民警察经出示工作证件，可以当场检查，但检查公民住所应当出示县级以上人民政府公安机关开具的检查证明文件。

检查妇女的身体，应当由女性工作人员进行。

☞ **相关法条**

《公安机关办理行政案件程序规定》第 53 条、第 82~84 条

《公安机关执行〈中华人民共和国治安管理处罚法〉有关问题的解释（二）》第 10 条

★ **第八十八条　【检查笔录的制作要求】** 检查的情况应当制作检查笔录，由检查人、被检查人和见证人签名或者盖章；被检查人拒绝签名的，人民警察应当在笔录上注明。

☞ **相关法条**

《公安机关办理行政案件程序规定》第 86 条

★★ **第八十九条　【关于扣押物品的规定】** 公安机关办理治安案件，对与案件有关的需要作为证据的物

品，可以扣押；对被侵害人或者善意第三人合法占有的财产，不得扣押，应当予以登记。对与案件无关的物品，不得扣押。

对扣押的物品，应当会同在场见证人和被扣押物品持有人查点清楚，当场开列清单一式二份，由调查人员、见证人和持有人签名或者盖章，一份交给持有人，另一份附卷备查。

对扣押的物品，应当妥善保管，不得挪作他用；对不宜长期保存的物品，按照有关规定处理。经查明与案件无关的，应当及时退还；经核实属于他人合法财产的，应当登记后立即退还；满六个月无人对该财产主张权利或者无法查清权利人的，应当公开拍卖或者按照国家有关规定处理，所得款项上缴国库。

☞ **相关法条**

《公安机关办理行政案件程序规定》第 111~112 条

★ **第九十条　【关于鉴定的规定】** 为了查明案情，需要解决案件中有争议的专门性问题的，应当指派或者聘请具有专门知识的人员进行鉴定；鉴定人鉴定后，应当写出鉴定意见，并且签名。

注释

鉴定意见应当载明委托人、委托鉴定的事项、提交鉴定的相关材料、鉴定的时间、依据和结论性意见等内容，并由鉴定人签名或者盖章。通过分析得出鉴定意见的，应当有分析过程的说明。鉴定意见应当附有鉴定机构和鉴定人的资质证明或者其他证明文件。

鉴定人对鉴定意见负责，不受任何机关、团体、企业、事业单位和个人的干涉。多人参加鉴定，对鉴定意见有不同意见的，应当注明。

鉴定人故意作虚假鉴定的，应当承担法律责任。

☞ **相关法条**

《公安机关办理行政案件程序规定》第87~100条

第二节　决　　定

☆☆ **第九十一条　【处罚的决定机关】** 治安管理处罚由县级以上人民政府公安机关决定；其中警告、五百元以下的罚款可以由公安派出所决定。

☆ **第九十二条　【行政拘留的折抵】** 对决定给予行政拘留处罚的人，在处罚前已经采取强制措施限制人身自由的时间，应当折抵。限制人身自由一日，折抵行政拘留一日。

注释

本条中的"强制措施限制人身自由的时间"，包括被行政拘留人在被行政拘留前因同一行为被依法刑事拘留、逮捕的时间。如果被行政拘留人被刑事拘留、逮捕的时间已超过被行政拘留的时间的，则行政拘留不再执行，但办案部门必须将《治安管理处罚决定书》送达被处罚人。

☞ **相关法条**

《公安机关办理行政案件程序规定》第163条

《公安机关执行〈中华人民共和国治安管理处罚法〉有关问题的解释》第11条

第九十三条　【违反治安管理行为的陈述与其他证据的关系】公安机关查处治安案件，对没有本人陈述，但其他证据能够证明案件事实的，可以作出治安管理处罚决定。但是，只有本人陈述，没有其他证据证明的，不能作出治安管理处罚决定。

第九十四条　【陈述与申辩权】公安机关作出治安管理处罚决定前，应当告知违反治安管理行为人作出治安管理处罚的事实、理由及依据，并告知违反治安管理行为人依法享有的权利。

违反治安管理行为人有权陈述和申辩。公安机关必须充分听取违反治安管理行为人的意见，对违反治安管理行为人提出的事实、理由和证据，应当进行复核；违反治安管理行为人提出的事实、理由或者证据成立的，公安机关应当采纳。

公安机关不得因违反治安管理行为人的陈述、申辩而加重处罚。

生活小案例

陈某伟及其哥哥陈某荣因琐事与杨某某发生打斗。甲县公安局某派出所接到杨某某报警，同日予以受案登记。经调查，甲县公安局于2016年3月23日对杨某某作出〔2016〕第××号不予行政处罚决定，认定杨某某有殴打他人的违法行为，但情节特别轻微，依据《治安管理处罚法》第19条第1项的规定，决定不予行政处罚，但并未告知杨某某决定的理由和依据。杨某某不服，遂向甲县人民政府申请行政复议。2016年7月4日，甲县政府作出〔2016〕第××号行政复议决定，维持了甲县公安局作出的不予行政处罚决定。杨某某不服，遂诉至法院。问：甲县公安局在作出不予行政处罚决定前是否应当履行告知义务，听取杨某某的陈述和申辩？

答：本案中，甲县公安局对杨某某作出的虽然是不予行政处罚决定，但该不予行政处罚决定认定杨某某实施了殴打他人的违法行为，显然对杨某某的人身权、财产权等合法权益具有不利影响，属于对杨某某的不利决定，故甲县公安局应当秉持程序正当理念，遵循公开原则，参照《治安管理处罚法》第94条第1款之规定，在作出不予行政处罚决定前，告知杨某某作出的事实、理由及依据，并告知其依法享有的权利。现甲县公安局未予告知，属程序违法。

☞ **相关法条**

《公安机关办理行政案件程序规定》第167~169条

★★ **第九十五条　【治安案件的处理】** 治安案件调查结束后，公安机关应当根据不同情况，分别作出以下处理：

（一）确有依法应当给予治安管理处罚的违法行为的，根据情节轻重及具体情况，作出处罚决定；

（二）依法不予处罚的，或者违法事实不能成立的，作出不予处罚决定；

（三）违法行为已涉嫌犯罪的，移送主管机关依法追究刑事责任；

（四）发现违反治安管理行为人有其他违法行为的，在对违反治安管理行为作出处罚决定的同时，通知有关行政主管部门处理。

☞ **相关法条**

《公安机关办理行政案件程序规定》第172条

★★ **第九十六条 【治安管理处罚决定书的内容】** 公安机关作出治安管理处罚决定的，应当制作治安管理处罚决定书。决定书应当载明下列内容：

（一）被处罚人的姓名、性别、年龄、身份证件的名称和号码、住址；

（二）违法事实和证据；

（三）处罚的种类和依据；

（四）处罚的执行方式和期限；

（五）对处罚决定不服，申请行政复议、提起行政诉讼的途径和期限；

（六）作出处罚决定的公安机关的名称和作出决定的日期。

决定书应当由作出处罚决定的公安机关加盖印章。

☞ **相关法条**

《公安机关办理行政案件程序规定》第161条

★★ **第九十七条 【宣告、送达和抄送】** 公安机关应当向被处罚人宣告治安管理处罚决定书，并当场交付被处罚人；无法当场向被处罚人宣告的，应当在二日内送达被处罚人。决定给予行政拘留处罚的，应当及时通知被处罚人的家属。

有被侵害人的，公安机关应当将决定书副本抄送被侵害人。

☞ **相关法条**

《公安机关办理行政案件程序规定》第 36 条、第 176 条

☆☆ **第九十八条　【关于听证的规定】**公安机关作出吊销许可证以及处二千元以上罚款的治安管理处罚决定前，应当告知违反治安管理行为人有权要求举行听证；违反治安管理行为人要求听证的，公安机关应当及时依法举行听证。

☞ **相关法条**

《公安机关办理行政案件程序规定》第 123~153 条

★★ **第九十九条　【关于期限的规定】**公安机关办理治安案件的期限，自受理之日起不得超过三十日；案情重大、复杂的，经上一级公安机关批准，可以延长三十日。

为了查明案情进行鉴定的期间，不计入办理治安案件的期限。

注释

本条中的“鉴定的期间”，是指公安机关提交鉴定之日起至鉴定机构作出鉴定意见并送达公安机关的期间。公安派出所承办的案情重大、复杂的案件，需要延长办案期限的，应当报所属县级以上公安机关负责人批准。

生活小案例

2010年6月至8月，原告王某伙同他人在甲市乙县非法销售“六合彩”，同时参与“六合彩”赌博，获利6万元。2010年8月20日，被告乙县公安局对原告等人非法销售“六合彩”行为进行刑事立案，并扣押原告的违法所得。2011年6月13日，法院以非法经营罪判处原告有期徒刑1年零9个月，缓刑2年，并处罚金2万元，判决书未认定原告的违法所得，也未认定原告赌博行为。判决生效后，原告要求被告返还其被扣押的6万元，被告未予答复。后原告向甲市中级人民法院赔偿委员会提出国家赔偿申请，赔偿委员会于2014年11月20日作出赔偿决定书，决定由被告返还原告被扣押的6万元。2014年12月31日，被告以原告在非法销售“六合彩”的同时参与赌博为由，对原告作出罚款500元并收缴赌资6万元的行政处罚决定。问：该行政处罚效力是否超过法定办案期限？

答：办案期限，是指公安机关对违反治安管理行为在立案受理后从调查取证到行政处罚需要的最长期限，根据《治安管理处罚法》第99条的规定，一般不超过30日。而追究时效，是指违反治安管理行为发生后，没有被公安机关发现的，经过一定时间后不再追究行为人的治安违法责任。《治安管理处罚法》第22条规定，违反治安管理行为在6个月内没有被公安机关发现的，不再处罚。本案被告在2010年8月对原告非法销售“六合彩”的行为进行查处时已发现原告参与“六合彩”赌博的行为，并对违法行为进行了行政受案处理。据此，被告作出处罚未违反法定的追究时效，但被告于2014年12月31日才作出行政处罚决定确实已超出法定的办案期限。

☞ **相关法条**

《公安机关办理行政案件程序规定》第165条

《公安机关执行〈中华人民共和国治安管理处罚法〉有关问题的解释》第12条

☆☆☆ **第一百条　【当场处罚】** 违反治安管理行为事实清楚，证据确凿，处警告或者二百元以下罚款的，可以当场作出治安管理处罚决定。

☞ **相关法条**

《公安机关办理行政案件程序规定》第37条

☆ **第一百零一条　【当场处罚决定程序】** 当场作出治安管理处罚决定的，人民警察应当向违反治安管理行为人出示工作证件，并填写处罚决定书。处罚决定书应当当场交付被处罚人；有被侵害人的，并将决定书副本抄送被侵害人。

前款规定的处罚决定书，应当载明被处罚人的姓名、违法行为、处罚依据、罚款数额、时间、地点以及公安机关名称，并由经办的人民警察签名或者盖章。

当场作出治安管理处罚决定的，经办的人民警察应当在二十四小时内报所属公安机关备案。

☞ **相关法条**

《公安机关办理行政案件程序规定》第 38 条

☆ **第一百零二条　【不服处罚提起的复议或诉讼】** 被处罚人对治安管理处罚决定不服的，可以依法申请行政复议或者提起行政诉讼。

注释

行政复议，是指公民、法人或其他组织认为具体行政行为侵犯其合法权益，向行政机关提出申请，要求行政机关重新考虑其决定。它是运用行政机关系统内部的层级监督关系，由上级行政机关纠正下级行政机关的违法或不当行为，以保护相对人合法权益的程序，是行政系统内部对行政权的监督形式，是一种行政救济。

行政诉讼，是指公民、法人或其他组织认为行政机关及其工作人员的行政行为侵犯其合法权益，请求法院审查行政机关的行政行为是否合法，以维护自己的合法权益的一种诉讼行为。行政诉讼中，由独立于行政机关之外的司法机关来审查行政行为的合法与否。

☞ **相关法条**

《公安机关办理行政案件程序规定》第199条

第三节 执 行

★★ **第一百零三条 【行政拘留处罚的执行】** 对被决定给予行政拘留处罚的人，由作出决定的公安机关送达拘留所执行。

注释

本条的“送达拘留所执行”，是指作出行政拘留决定的公安机关将被决定行政拘留的人送到拘留所并交付执行，拘留所依法办理入所手续后即为送达。

☞ **相关法条**

《公安机关办理行政案件程序规定》第 164 条

《公安机关执行〈中华人民共和国治安管理处罚法〉有关问题的解释》第 13 条

★★ **第一百零四条 【当场收缴罚款范围】** 受到罚款处罚的人应当自收到处罚决定书之日起十五日内，到指定的银行缴纳罚款。但是，有下列情形之一的，人民警察可以当场收缴罚款：

（一）被处五十元以下罚款，被处罚人对罚款无异议的；

（二）在边远、水上、交通不便地区，公安机关及其人民警察依照本法的规定作出罚款决定后，被处罚人向指定的银行缴纳罚款确有困难，经被处罚人提出的；

（三）被处罚人在当地没有固定住所，不当场收缴事后难以执行的。

☞ **相关法条**

《公安机关办理行政案件程序规定》第 214 条

★★ **第一百零五条 【罚款缴纳期限】** 人民警察当场收缴的罚款，应当自收缴罚款之日起二日内，交至所属的公安机关；在水上、旅客列车上当场收缴的罚款，应当自抵岸或者到站之日起二日内，交至所属的公安机关；公安机关应当自收到罚款之日起二日内将罚款缴付指定的银行。

☞ **相关法条**

《公安机关办理行政案件程序规定》第216条

第一百零六条　【罚款收据】人民警察当场收缴罚款的，应当向被处罚人出具省、自治区、直辖市人民政府财政部门统一制发的罚款收据；不出具统一制发的罚款收据的，被处罚人有权拒绝缴纳罚款。

☞ **相关法条**

《公安机关办理行政案件程序规定》第215条

第一百零七条　【暂缓执行行政拘留】被处罚人不服行政拘留处罚决定，申请行政复议、提起行政诉讼的，可以向公安机关提出暂缓执行行政拘留的申请。公安机关认为暂缓执行行政拘留不致发生社会危险的，由被处罚人或者其近亲属提出符合本法第一百零八条规定条件的担保人，或者按每日行政拘留二百元的标准交纳保证金，行政拘留的处罚决定暂缓执行。

☞ **相关法条**

《行政处罚法》第66条、第73条

《公安机关办理行政案件程序规定》第222~226条

★★ **第一百零八条　【担保人的条件】** 担保人应当符合下列条件：

（一）与本案无牵连；

（二）享有政治权利，人身自由未受到限制；

（三）在当地有常住户口和固定住所；

（四）有能力履行担保义务。

☞ **相关法条**

《公安机关办理行政案件程序规定》第 227 条

★ **第一百零九条　【担保人的义务】** 担保人应当保证被担保人不逃避行政拘留处罚的执行。

担保人不履行担保义务，致使被担保人逃避行政拘留处罚的执行的，由公安机关对其处三千元以下罚款。

☞ **相关法条**

《公安机关办理行政案件程序规定》第 229~230 条

★ **第一百一十条　【没收保证金】** 被决定给予行政拘留处罚的人交纳保证金，暂缓行政拘留后，逃避行政拘留处罚的执行的，保证金予以没收并上缴国库，已经作出的行政拘留决定仍应执行。

☞ **相关法条**

《公安机关办理行政案件程序规定》第 232 条

★ **第一百一十一条　【退还保证金】** 行政拘留的处罚决定被撤销，或者行政拘留处罚开始执行的，公安机关收取的保证金应当及时退还交纳人。

☞ 相关法条

《公安机关办理行政案件程序规定》第232条

▶▶小测试◀◀①

1. 检查妇女的身体，应当由女性工作人员进行。（　　）
2. 对违反治安管理行为人和被侵害人的人身进行检查时，要尊重被检查人的人格，不得以有损人格尊严的方式进行检查。（　　）
3. 鉴定的目的是查明案情，解决案件中有争议的法律问题。（　　）
4. 公安机关受理报案、控告、举报、投案后，认为属于违反治安管理行为的，应当立即（　　）。

A. 向上级公安机关报告　　B. 向当地人民政府通报

C. 进行调查　　D. 作出治安管理处罚决定

① 【答案】1. √。2. √。3. ×，解析：《治安管理处罚法》第90条。4. C。5. D。6. A。7. A。8. B。9. C。10. D。11. B。12. C。13. D。14. C。15. 予以没收并上缴国库；仍应执行；及时退还。

5. 公安机关在调查取证过程中，对拒不提供证据的知情人或者其他证人，（　　）。

A. 采取强制措施

B. 进行训诫

C. 给予治安管理处罚

D. 积极说服、教育，使其配合公安机关调查取证

6. 在回避决定作出前，治安案件调查人员（　　）停止案件调查。

A. 不应　　B. 应当

C. 可以　　D. 暂时

7. 对违反治安管理行为人，公安机关传唤后应当及时询问查证，询问查证的时间一般不得超过（　　）。

A. 8 小时　　B. 16 小时

C. 24 小时　　D. 48 小时

8. 对违反治安管理行为人进行传唤的，公安机关应当及时将传唤的原因和处所通知（　　）。

A. 被传唤人所在单位

B. 被传唤人家属

C. 被传唤人所在地的居（村）民委员会

D. 被传唤人所在地的公安派出所

9. 按照《治安管理处罚法》的规定，询问不满（　　）的违反治安管理行为人，应当通知其父母或者其他监护人到场。

A. 12 周岁　　B. 14 周岁

C. 16 周岁　　D. 18 周岁

10. 依据《治安管理处罚法》的规定，公安派出所可以决定警告和（　　）以下的罚款。

A. 50 元　　B. 100 元

C. 200 元　　D. 500 元

11. 公安机关作出吊销许可证及处（　　）以上罚款的治安管理处罚决定前，应当告知违反治安管理行为人有权要求举行听证。

A. 100 元　　B. 2000 元

C. 3000 元　　D. 5000 元

12. 当场作出治安管理处罚决定的，经办的人民警察应当在（　　）内报所属的公安机关备案。

A. 6 小时　　B. 12 小时

C. 24 小时　　D. 48 小时

13. 受到罚款处罚的人应当自收到处罚决定书之日起（　　）内，到指定的银行缴纳罚款。

A. 5 日　　B. 7 日

C. 10 日　　D. 15 日

14. 担保人不履行担保义务，致使被担保人逃避行政拘留处罚的执行的，由公安机关对其处（　　）以下罚款。

A. 1000 元　　B. 2000 元

C. 3000 元　　D. 5000 元

15. 被决定给予行政拘留处罚的人交纳保证金，暂缓行政拘留后，逃避行政拘留处罚的执行的，保证金____，已经作出的行政拘留决定____。行政拘留的处罚决定被撤销，或者行政拘留处罚开始执行的，公安机关收取的保证金应当____交纳人。

第五章　执法监督

★ **第一百一十二条　【执法原则】** 公安机关及其人民警察应当依法、公正、严格、高效办理治安案件，文明执法，不得徇私舞弊。

注释

本条所称“徇私舞弊”，是指由于徇私情，故意颠倒黑白，作出错误的治安管理处罚决定，或者故意作出偏轻、偏重的治安管理处罚决定。公安机关及其人民警察负有维护社会公共秩序、保障公共安全、保护人民群众合法权益的治安管理职责，必须严格秉公执法，绝对不能徇私枉法。

★ **第一百一十三条　【禁止行为】** 公安机关及其人民警察办理治安案件，禁止对违反治安管理行为人打骂、虐待或者侮辱。

★ **第一百一十四条　【社会监督】** 公安机关及其人民警察办理治安案件，应当自觉接受社会和公民的监督。

公安机关及其人民警察办理治安案件，不严格执法或者有违法违纪行为的，任何单位和个人都有权向公安机关或者人民检察院、行政监察机关检举、控告；收到检举、控告的机关，应当依据职责及时处理。

★★ **第一百一十五条　【罚缴分离原则】**公安机关依法实施罚款处罚，应当依照有关法律、行政法规的规定，实行罚款决定与罚款收缴分离；收缴的罚款应当全部上缴国库。

☞ **相关法条**

《罚款决定与罚款收缴分离实施办法》

☆☆ **第一百一十六条　【公安机关及其民警的行政责任和刑事责任】**人民警察办理治安案件，有下列行为之一的，依法给予行政处分；构成犯罪的，依法追究刑事责任：

（一）刑讯逼供、体罚、虐待、侮辱他人的；

（二）超过询问查证的时间限制人身自由的；

（三）不执行罚款决定与罚款收缴分离制度或者不按规定将罚没的财物上缴国库或者依法处理的；

（四）私分、侵占、挪用、故意损毁收缴、扣押的财物的；

（五）违反规定使用或者不及时返还被侵害人财物的；

（六）违反规定不及时退还保证金的；

（七）利用职务上的便利收受他人财物或者谋取其他利益的；

（八）当场收缴罚款不出具罚款收据或者不如实填写罚款数额的；

（九）接到要求制止违反治安管理行为的报警后，不及时出警的；

（十）在查处违反治安管理活动时，为违法犯罪行为人通风报信的；

（十一）有徇私舞弊、滥用职权，不依法履行法定职责的其他情形的。

办理治安案件的公安机关有前款所列行为的，对直接负责的主管人员和其他直接责任人员给予相应的行政处分。

★★ **第一百一十七条　【违法行使职权的赔偿责任】** 公安机关及其人民警察违法行使职权，侵犯公民、法人和其他组织合法权益的，应当赔礼道歉；造成损害的，应当依法承担赔偿责任。

☞ **相关法条**

《国家赔偿法》第6~16条、第32~37条

▶▶小测试◀◀①

1. 公安机关及其人民警察应当依法、公正、严格、高效办理治安案件，文明执法，不得徇私舞弊。(　　)

2. 公安机关及其人民警察办理治安案件，无须接受公民的监督。(　　)

3. 人民警察办理治安案件，有下列哪些行为之一的，依法给予行政处分；构成犯罪的，依法追究刑事责任？(　　)

A. 私分、侵占、挪用、故意损毁收缴、扣押的财物的

B. 违反规定使用或者不及时返还被侵害人财物的

C. 违反规定不及时退还保证金的

D. 利用职务上的便利收受他人财物或者谋取其他利益的

4. 公安机关依法实施罚款处罚，应当依照有关法律、行政法规的规定，实行罚款决定与罚款收缴____；收缴的罚款应当全部____。

5. 公安机关及其人民警察办理治安案件，禁止对违反治安管理行为人____、____或者____。

① 【答案】1. √。2. ×，解析：《治安管理处罚法》第114条。3. ABCD。4. 分离；上缴国库。5. 打骂；虐待；侮辱。

第六章　附　　则

第一百一十八条　【相关术语】本法所称以上、以下、以内，包括本数。

第一百一十九条　【生效日期】本法自2006年3月1日起施行。1986年9月5日公布、1994年5月12日修订公布的《中华人民共和国治安管理处罚条例》同时废止。

公安机关办理行政案件程序规定（节录）

（2012年12月19日公安部令第125号修订发布　根据2014年6月29日公安部令第132号《公安部关于修改部分部门规章的决定》第一次修正　根据2018年11月25日公安部令第149号《公安部关于修改〈公安机关办理行政案件程序规定〉的决定》第二次修正　根据2020年8月6日公安部令第160号《公安部关于废止和修改部分规章的决定》第三次修正）

第一章　总　　则

……

第四条　办理行政案件应当遵循合法、公正、公开、及时的原则，尊重和保障人权，保护公民的人格尊严。

第五条　办理行政案件应当坚持教育与处罚相结

合的原则，教育公民、法人和其他组织自觉守法。

……

第二章　管　　辖

第十条　行政案件由违法行为地的公安机关管辖。由违法行为人居住地公安机关管辖更为适宜的，可以由违法行为人居住地公安机关管辖，但是涉及卖淫、嫖娼、赌博、毒品的案件除外。

违法行为地包括违法行为发生地和违法结果发生地。违法行为发生地，包括违法行为的实施地以及开始地、途经地、结束地等与违法行为有关的地点；违法行为有连续、持续或者继续状态的，违法行为连续、持续或者继续实施的地方都属于违法行为发生地。违法结果发生地，包括违法对象被侵害地、违法所得的实际取得地、藏匿地、转移地、使用地、销售地。

居住地包括户籍所在地、经常居住地。经常居住地是指公民离开户籍所在地最后连续居住一年以上的地方，但在医院住院就医的除外。

移交违法行为人居住地公安机关管辖的行政案

件，违法行为地公安机关在移交前应当及时收集证据，并配合违法行为人居住地公安机关开展调查取证工作。

第十一条 针对或者利用网络实施的违法行为，用于实施违法行为的网站服务器所在地、网络接入地以及网站建立者或者管理者所在地，被侵害的网络及其运营者所在地，违法过程中违法行为人、被侵害人使用的网络及其运营者所在地，被侵害人被侵害时所在地，以及被侵害人财产遭受损失地公安机关可以管辖。

第十二条 行驶中的客车上发生的行政案件，由案发后客车最初停靠地公安机关管辖；必要时，始发地、途经地、到达地公安机关也可以管辖。

第十三条 行政案件由县级公安机关及其公安派出所、依法具有独立执法主体资格的公安机关业务部门以及出入境边防检查站按照法律、行政法规、规章授权和管辖分工办理，但法律、行政法规、规章规定由设区的市级以上公安机关办理的除外。

★ **第十四条** 几个公安机关都有权管辖的行政案件，由最初受理的公安机关管辖。必要时，可以由主要违法行为地公安机关管辖。

第十五条 对管辖权发生争议的，报请共同的上级公安机关指定管辖。

对于重大、复杂的案件，上级公安机关可以直接办理或者指定管辖。

上级公安机关直接办理或者指定管辖的，应当书面通知被指定管辖的公安机关和其他有关的公安机关。

原受理案件的公安机关自收到上级公安机关书面通知之日起不再行使管辖权，并立即将案卷材料移送被指定管辖的公安机关或者办理的上级公安机关，及时书面通知当事人。

第十六条 铁路公安机关管辖列车上，火车站工作区域内，铁路系统的机关、厂、段、所、队等单位内发生的行政案件，以及在铁路线上放置障碍物或者损毁、移动铁路设施等可能影响铁路运输安全、盗窃铁路设施的行政案件。对倒卖、伪造、变造火车票案件，由最初受理的铁路或者地方公安机关管辖。必要时，可以移送主要违法行为发生地的铁路或者地方公安机关管辖。

交通公安机关管辖港航管理机构管理的轮船上、港口、码头工作区域内和港航系统的机关、厂、所、队等单位内发生的行政案件。

民航公安机关管辖民航管理机构管理的机场工作区域以及民航系统的机关、厂、所、队等单位内和民航飞机上发生的行政案件。

国有林区的森林公安机关管辖林区内发生的行政案件。

海关缉私机构管辖阻碍海关缉私警察依法执行职务的治安案件。

……

第五章　期间与送达

……

第三十六条　送达法律文书，应当遵守下列规定：

（一）依照简易程序作出当场处罚决定的，应当将决定书当场交付被处罚人，并由被处罚人在备案的决定书上签名或者捺指印；被处罚人拒绝的，由办案人民警察在备案的决定书上注明；

（二）除本款第一项规定外，作出行政处罚决定和其他行政处理决定，应当在宣告后将决定书当场交付被处理人，并由被处理人在附卷的决定书上签名或者捺指印，即为送达；被处理人拒绝的，由办案人民警察在附卷的决定书上注明；被处理人不在场的，公安机关应当在作出决定的七日内将决定书送达被处理人，治安管理处罚决定应当在二日内送达。

送达法律文书应当首先采取直接送达方式，交给受送达人本人；受送达人不在的，可以交付其成年家属、所在单位的负责人员或者其居住地居（村）民委员会代收。受送达人本人或者代收人拒绝接收或者拒绝签名和捺指印的，送达人可以邀请其邻居或者其他见证人到场，说明情况，也可以对拒收情况进行录音录像，把文书留在受送达人处，在附卷的法律文书上注明拒绝的事由、送达日期，由送达人、见证人签名或者捺指印，即视为送达。

无法直接送达的，委托其他公安机关代为送达，或者邮寄送达。经受送达人同意，可以采用传真、互联网通讯工具等能够确认其收悉的方式送达。

经采取上述送达方式仍无法送达的，可以公告送达。公告的范围和方式应当便于公民知晓，公告期限不得少于六十日。

第六章　简易程序和快速办理

第一节　简易程序

第三十七条　违法事实确凿，且具有下列情形之一的，人民警察可以当场作出处罚决定，有违禁品的，可以当场收缴：

（一）对违反治安管理行为人或者道路交通违法行为人处二百元以下罚款或者警告的；

（二）出入境边防检查机关对违反出境入境管理行为人处五百元以下罚款或者警告的；

（三）对有其他违法行为的个人处五十元以下罚款或者警告、对单位处一千元以下罚款或者警告的；

（四）法律规定可以当场处罚的其他情形。

涉及卖淫、嫖娼、赌博、毒品的案件，不适用当场处罚。

第三十八条　当场处罚，应当按照下列程序实施：

（一）向违法行为人表明执法身份；

（二）收集证据；

（三）口头告知违法行为人拟作出行政处罚决定的事实、理由和依据，并告知违法行为人依法享有的陈述权和申辩权；

（四）充分听取违法行为人的陈述和申辩。违法行为人提出的事实、理由或者证据成立的，应当采纳；

（五）填写当场处罚决定书并当场交付被处罚人；

（六）当场收缴罚款的，同时填写罚款收据，交付被处罚人；未当场收缴罚款的，应当告知被处罚人在规定期限内到指定的银行缴纳罚款。

……

第七章　调查取证

第一节　一般规定

第四十九条　对行政案件进行调查时，应当合法、及时、客观、全面地收集、调取证据材料，并予以审查、核实。

第五十条　需要调查的案件事实包括：

（一）违法嫌疑人的基本情况；

（二）违法行为是否存在；

（三）违法行为是否为违法嫌疑人实施；

（四）实施违法行为的时间、地点、手段、后果以及其他情节；

（五）违法嫌疑人有无法定从重、从轻、减轻以及不予行政处罚的情形；

（六）与案件有关的其他事实。

第五十一条 公安机关调查取证时，应当防止泄露工作秘密。

第五十二条 公安机关进行询问、辨认、检查、勘验，实施行政强制措施等调查取证工作时，人民警察不得少于二人，并表明执法身份。

接报案、受案登记、接受证据、信息采集、调解、送达文书等工作，可以由一名人民警察带领警务辅助人员进行，但应当全程录音录像。

第五十三条 对查获或者到案的违法嫌疑人应当进行安全检查，发现违禁品或者管制器具、武器、易燃易爆等危险品以及与案件有关的需要作为证据的物品的，应当立即扣押；对违法嫌疑人随身携带的与案件无关的物品，应当按照有关规定予以登记、保管、退还。安全检查不需要开具检查证。

前款规定的扣押适用本规定第五十五条和第五十六条以及本章第七节的规定。

第五十四条 办理行政案件时，可以依法采取下列行政强制措施：

（一）对物品、设施、场所采取扣押、扣留、查封、先行登记保存、抽样取证、封存文件资料等强制措施，对恐怖活动嫌疑人的存款、汇款、债券、股票、基金份额等财产还可以采取冻结措施；

（二）对违法嫌疑人采取保护性约束措施、继续盘问、强制传唤、强制检测、拘留审查、限制活动范围，对恐怖活动嫌疑人采取约束措施等强制措施。

第五十五条 实施行政强制措施应当遵守下列规定：

（一）实施前须依法向公安机关负责人报告并经批准；

（二）通知当事人到场，当场告知当事人采取行政强制措施的理由、依据以及当事人依法享有的权利、救济途径。当事人不到场的，邀请见证人到场，并在现场笔录中注明；

（三）听取当事人的陈述和申辩；

（四）制作现场笔录，由当事人和办案人民警察签名或者盖章，当事人拒绝的，在笔录中注明。当事人不在场的，由见证人和办案人民警察在笔录上签名或者盖章；

（五）实施限制公民人身自由的行政强制措施的，应当当场告知当事人家属实施强制措施的公安机关、理由、地点和期限；无法当场告知的，应当在实施强制措施后立即通过电话、短信、传真等方式通知；身份不明、拒不提供家属联系方式或者因自然灾害等不可抗力导致无法通知的，可以不予通知。告知、通知家属情况或者无法通知家属的原因应当在询问笔录中注明。

（六）法律、法规规定的其他程序。

勘验、检查时实施行政强制措施，制作勘验、检查笔录的，不再制作现场笔录。

实施行政强制措施的全程录音录像，已经具备本条第一款第二项、第三项规定的实质要素的，可以替代书面现场笔录，但应当对视听资料的关键内容和相应时间段等作文字说明。

第五十六条 情况紧急，当场实施行政强制措施的，办案人民警察应当在二十四小时内依法向其所属的公安机关负责人报告，并补办批准手续。当场实施限制公民人身自由的行政强制措施的，办案人民警察应当在返回单位后立即报告，并补办批准手续。公安机关负责人认为不应当采取行政强制措施的，应当立即解除。

第五十七条 为维护社会秩序，人民警察对有违法嫌疑的人员，经表明执法身份后，可以当场盘问、检查。对当场盘问、检查后，不能排除其违法嫌疑，依法可以适用继续盘问的，可以将其带至公安机关，经公安派出所负责人批准，对其继续盘问。对违反出境入境管理的嫌疑人依法适用继续盘问的，应当经县级以上公安机关或者出入境边防检查机关负责人批准。

继续盘问的时限一般为十二小时；对在十二小时以内确实难以证实或者排除其违法犯罪嫌疑的，可以延长至二十四小时；对不讲真实姓名、住址、身份，且在二十四小时以内仍不能证实或者排除其违法犯罪嫌疑的，可以延长至四十八小时。

第五十八条 违法嫌疑人在醉酒状态中，对本人有危险或者对他人的人身、财产或者公共安全有威胁的，可以对其采取保护性措施约束至酒醒，也可以通知其家属、亲友或者所属单位将其领回看管，必要时，应当送医院醒酒。对行为举止失控的醉酒人，可以使用约束带或者警绳等进行约束，但是不得使用手铐、脚镣等警械。

约束过程中，应当指定专人严加看护。确认醉酒人酒醒后，应当立即解除约束，并进行询问。约束时间不计算在询问查证时间内。

第五十九条 对恐怖活动嫌疑人实施约束措施，应当遵守下列规定：

（一）实施前须经县级以上公安机关负责人批准；

（二）告知嫌疑人采取约束措施的理由、依据以及其依法享有的权利、救济途径；

（三）听取嫌疑人的陈述和申辩；

（四）出具决定书。

公安机关可以采取电子监控、不定期检查等方式对被约束人遵守约束措施的情况进行监督。

约束措施的期限不得超过三个月。对不需要继续采取约束措施的，应当及时解除并通知被约束人。

第二节 受 案

第六十条 县级公安机关及其公安派出所、依法具有独立执法主体资格的公安机关业务部门以及出入境边防检查站对报案、控告、举报、群众扭送或者违法嫌疑人投案，以及其他国家机关移送的案件，应当及时受理并按照规定进行网上接报案登记。对重复报案、案件正在办理或者已经办结的，应当向报案人、控告人、举报人、扭送人、投案人作出解释，不再登记。

第六十一条 公安机关应当对报案、控告、举报、群众扭送或者违法嫌疑人投案分别作出下列处理，并将处理情况在接报案登记中注明：

（一）对属于本单位管辖范围内的案件，应当立即调查处理，制作受案登记表和受案回执，并将受案回执交报案人、控告人、举报人、扭送人；

（二）对属于公安机关职责范围，但不属于本单位管辖的，应当在二十四小时内移送有管辖权的单位处理，并告知报案人、控告人、举报人、扭送人、投案人；

（三）对不属于公安机关职责范围的事项，在接报案时能够当场判断的，应当立即口头告知报案人、控告人、举报人、扭送人、投案人向其他主管机关报案或者投案，报案人、控告人、举报人、扭送人、投案人对口头告知内容有异议或者不能当场判断的，应当书面告知，但因没有联系方式、身份不明等客观原因无法书面告知的除外。

在日常执法执勤中发现的违法行为，适用前款规定。

第六十二条 属于公安机关职责范围但不属于本单位管辖的案件，具有下列情形之一的，受理案件或者发现案件的公安机关及其人民警察应当依法先行采取必要的强制措施或者其他处置措施，再移送有管辖权的单位处理：

（一）违法嫌疑人正在实施危害行为的；

（二）正在实施违法行为或者违法后即时被发现的现行犯被扭送至公安机关的；

（三）在逃的违法嫌疑人已被抓获或者被发现的；

（四）有人员伤亡，需要立即采取救治措施的；

（五）其他应当采取紧急措施的情形。

行政案件移送管辖的，询问查证时间和扣押等措施的期限重新计算。

第六十三条 报案人不愿意公开自己的姓名和报案行为的，公安机关应当在受案登记时注明，并为其保密。

第六十四条 对报案人、控告人、举报人、扭送人、投案人提供的有关证据材料、物品等应当登记，出具接受证据清单，并妥善保管。必要时，应当拍照、录音、录像。移送案件时，应当将有关证据材料和物品一并移交。

第六十五条 对发现或者受理的案件暂时无法确定为刑事案件或者行政案件的，可以按照行政案件的程序办理。在办理过程中，认为涉嫌构成犯罪的，应当按照《公安机关办理刑事案件程序规定》办理。

第三节 询 问

……

第六十七条 需要传唤违法嫌疑人接受调查的，经公安派出所、县级以上公安机关办案部门或者出入境边防检查机关负责人批准，使用传唤证传唤。对现场发现的违法嫌疑人，人民警察经出示人民警察证，可以口头传唤，并在询问笔录中注明违法嫌疑人到案经过、到案时间和离开时间。

单位违反公安行政管理规定，需要传唤其直接负责的主管人员和其他直接责任人员的，适用前款规定。

对无正当理由不接受传唤或者逃避传唤的违反治

安管理、出境入境管理的嫌疑人以及法律规定可以强制传唤的其他违法嫌疑人，经公安派出所、县级以上公安机关办案部门或者出入境边防检查机关负责人批准，可以强制传唤。强制传唤时，可以依法使用手铐、警绳等约束性警械。

公安机关应当将传唤的原因和依据告知被传唤人，并通知其家属。公安机关通知被传唤人家属适用本规定第五十五条第一款第五项的规定。

……

第七节　证据保全

……

★ **第一百一十二条**　扣押、扣留、查封期限为三十日，情况复杂的，经县级以上公安机关负责人批准，可以延长三十日；法律、行政法规另有规定的除外。延长扣押、扣留、查封期限的，应当及时书面告知当事人，并说明理由。

对物品需要进行鉴定的，鉴定期间不计入扣押、扣留、查封期间，但应当将鉴定的期间书面告知当事人。

……

第九章　行政处理决定

第一节　行政处罚的适用

★★ **第一百五十四条**　违反治安管理行为在六个月内没有被公安机关发现，其他违法行为在二年内没有被公安机关发现的，不再给予行政处罚。

前款规定的期限，从违法行为发生之日起计算，违法行为有连续、继续或者持续状态的，从行为终了之日起计算。

被侵害人在违法行为追究时效内向公安机关控告，公安机关应当受理而不受理的，不受本条第一款追究时效的限制。

……

第一百五十七条　不满十四周岁的人有违法行为的，不予行政处罚，但是应当责令其监护人严加管教，并在不予行政处罚决定书中载明。已满十四周岁不满十八周岁的人有违法行为的，从轻或者减轻行政处罚。

第一百五十八条　精神病人在不能辨认或者不能

控制自己行为时有违法行为的，不予行政处罚，但应当责令其监护人严加看管和治疗，并在不予行政处罚决定书中载明。间歇性精神病人在精神正常时有违法行为的，应当给予行政处罚。尚未完全丧失辨认或者控制自己行为能力的精神病人有违法行为的，应当予以行政处罚，但可以从轻或者减轻行政处罚。

★ **第一百五十九条** 违法行为人有下列情形之一的，应当从轻、减轻处罚或者不予行政处罚：

（一）主动消除或者减轻违法行为危害后果，并取得被侵害人谅解的；

（二）受他人胁迫或者诱骗的；

（三）有立功表现的；

（四）主动投案，向公安机关如实陈述自己的违法行为的；

（五）其他依法应当从轻、减轻或者不予行政处罚的。

违法行为轻微并及时纠正，没有造成危害后果的，不予行政处罚。

盲人或者又聋又哑的人违反治安管理的，可以从轻、减轻或者不予行政处罚；醉酒的人违反治安管理的，应当给予处罚。

★ **第一百六十条** 违法行为人有下列情形之一的，应当从重处罚：

（一）有较严重后果的；

（二）教唆、胁迫、诱骗他人实施违法行为的；

（三）对报案人、控告人、举报人、证人等打击报复的；

（四）六个月内曾受过治安管理处罚或者一年内因同类违法行为受到两次以上公安行政处罚的；

（五）刑罚执行完毕三年内，或者在缓刑期间，违反治安管理的。

第一百六十一条 一人有两种以上违法行为的，分别决定，合并执行，可以制作一份决定书，分别写明对每种违法行为的处理内容和合并执行的内容。

一个案件有多个违法行为人的，分别决定，可以制作一式多份决定书，写明给予每个人的处理决定，分别送达每一个违法行为人。

第一百六十二条 行政拘留处罚合并执行的，最长不超过二十日。

行政拘留处罚执行完毕前，发现违法行为人有其他违法行为，公安机关依法作出行政拘留决定的，与正在执行的行政拘留合并执行。

第一百六十三条 对决定给予行政拘留处罚的人，在处罚前因同一行为已经被采取强制措施限制人身自由的时间应当折抵。限制人身自由一日，折抵执行行政拘留一日。询问查证、继续盘问和采取约束措施的时间不予折抵。

被采取强制措施限制人身自由的时间超过决定的行政拘留期限的，行政拘留决定不再执行。

★ **第一百六十四条** 违法行为人具有下列情形之一，依法应当给予行政拘留处罚的，应当作出处罚决定，但不送拘留所执行：

（一）已满十四周岁不满十六周岁的；

（二）已满十六周岁不满十八周岁，初次违反治安管理或者其他公安行政管理的。但是，曾被收容教养、被行政拘留依法不执行行政拘留或者曾因实施扰乱公共秩序，妨害公共安全，侵犯人身权利、财产权利，妨害社会管理的行为被人民法院判决有罪的除外；

（三）七十周岁以上的；

（四）孕妇或者正在哺乳自己婴儿的妇女。

第二节　行政处理的决定

第一百六十五条　公安机关办理治安案件的期限，自受理之日起不得超过三十日；案情重大、复杂的，经上一级公安机关批准，可以延长三十日。办理其他行政案件，有法定办案期限的，按照相关法律规定办理。

为了查明案情进行鉴定的期间，不计入办案期限。

对因违反治安管理行为人不明或者逃跑等客观原因造成案件在法定期限内无法作出行政处理决定的，公安机关应当继续进行调查取证，并向被侵害人说明情况，及时依法作出处理决定。

……

第一百七十二条　公安机关根据行政案件的不同情况分别作出下列处理决定：

（一）确有违法行为，应当给予行政处罚的，根据其情节和危害后果的轻重，作出行政处罚决定；

（二）确有违法行为，但有依法不予行政处罚情形的，作出不予行政处罚决定；有违法所得和非法财物、违禁品、管制器具的，应当予以追缴或者收缴；

（三）违法事实不能成立的，作出不予行政处罚决定；

（四）对需要给予社区戒毒、强制隔离戒毒、收容教养等处理的，依法作出决定；

（五）违法行为涉嫌构成犯罪的，转为刑事案件办理或者移送有权处理的主管机关、部门办理，无需撤销行政案件。公安机关已经作出行政处理决定的，应当附卷；

（六）发现违法行为人有其他违法行为的，在依法作出行政处理决定的同时，通知有关行政主管部门处理。

对已经依照前款第三项作出不予行政处罚决定的案件，又发现新的证据的，应当依法及时调查；违法行为能够认定的，依法重新作出处理决定，并撤销原不予行政处罚决定。

治安案件有被侵害人的，公安机关应当在作出不予行政处罚或者处罚决定之日起二日内将决定书复印件送达被侵害人。无法送达的，应当注明。

……

第十章　治安调解

★★ **第一百七十八条**　对于因民间纠纷引起的殴打他人、故意伤害、侮辱、诽谤、诬告陷害、故意损毁财物、干扰他人正常生活、侵犯隐私、非法侵入住宅等违反治安管理行为，情节较轻，且具有下列情形之一的，可以调解处理：

（一）亲友、邻里、同事、在校学生之间因琐事发生纠纷引起的；

（二）行为人的侵害行为系由被侵害人事前的过错行为引起的；

（三）其他适用调解处理更易化解矛盾的。

对不构成违反治安管理行为的民间纠纷，应当告知当事人向人民法院或者人民调解组织申请处理。

对情节轻微、事实清楚、因果关系明确，不涉及医疗费用、物品损失或者双方当事人对医疗费用和物品损失的赔付无争议，符合治安调解条件，双方当事人同意当场调解并当场履行的治安案件，可以当场调解，并制作调解协议书。当事人基本情况、主要违法事实和协议内容在现场录音录像中明确记录的，不再制作调解协议书。

★ **第一百七十九条** 具有下列情形之一的，不适用调解处理：

（一）雇凶伤害他人的；

（二）结伙斗殴或者其他寻衅滋事的；

（三）多次实施违反治安管理行为的；

（四）当事人明确表示不愿意调解处理的；

（五）当事人在治安调解过程中又针对对方实施违反治安管理行为的；

（六）调解过程中，违法嫌疑人逃跑的；

（七）其他不宜调解处理的。

第一百八十条 调解处理案件，应当查明事实，收集证据，并遵循合法、公正、自愿、及时的原则，注重教育和疏导，化解矛盾。

第一百八十一条 当事人中有未成年人的，调解时应当通知其父母或者其他监护人到场。但是，当事人为年满十六周岁以上的未成年人，以自己的劳动收入为主要生活来源，本人同意不通知的，可以不通知。

被侵害人委托其他人参加调解的，应当向公安机关提交委托书，并写明委托权限。违法嫌疑人不得委托他人参加调解。

第一百八十二条 对因邻里纠纷引起的治安案件进行调解时，可以邀请当事人居住地的居（村）民委员会的人员或者双方当事人熟悉的人员参加帮助调解。

第一百八十三条 调解一般为一次。对一次调解不成，公安机关认为有必要或者当事人申请的，可以再次调解，并应当在第一次调解后的七个工作日内完成。

第一百八十四条 调解达成协议的，在公安机关主持下制作调解协议书，双方当事人应当在调解协议书上签名，并履行调解协议。

调解协议书应当包括调解机关名称、主持人、双方当事人和其他在场人员的基本情况，案件发生时间、地点、人员、起因、经过、情节、结果等情况、协议内容、履行期限和方式等内容。

对调解达成协议的，应当保存案件证据材料，与其他文书材料和调解协议书一并归入案卷。

★ **第一百八十五条** 调解达成协议并履行的，公安机关不再处罚。对调解未达成协议或者达成协议后不履行的，应当对违反治安管理行为人依法予以处罚；

对违法行为造成的损害赔偿纠纷，公安机关可以进行调解，调解不成的，应当告知当事人向人民法院提起民事诉讼。

调解案件的办案期限从调解未达成协议或者调解达成协议不履行之日起开始计算。

★ **第一百八十六条** 对符合本规定第一百七十八条规定的治安案件，当事人申请人民调解或者自行和解，达成协议并履行后，双方当事人书面申请并经公安机关认可的，公安机关不予治安管理处罚，但公安机关已依法作出处理决定的除外。

第十一章 涉案财物的管理和处理

第一百八十七条 对于依法扣押、扣留、查封、抽样取证、追缴、收缴的财物以及由公安机关负责保管的先行登记保存的财物，公安机关应当妥善保管，不得使用、挪用、调换或者损毁。造成损失的，应当承担赔偿责任。

涉案财物的保管费用由作出决定的公安机关承担。

第一百八十八条 县级以上公安机关应当指定一

个内设部门作为涉案财物管理部门，负责对涉案财物实行统一管理，并设立或者指定专门保管场所，对涉案财物进行集中保管。涉案财物集中保管的范围，由地方公安机关根据本地区实际情况确定。

对价值较低、易于保管，或者需要作为证据继续使用，以及需要先行返还被侵害人的涉案财物，可以由办案部门设置专门的场所进行保管。办案部门应当指定不承担办案工作的民警负责本部门涉案财物的接收、保管、移交等管理工作；严禁由办案人员自行保管涉案财物。

对查封的场所、设施、财物，可以委托第三人保管，第三人不得损毁或者擅自转移、处置。因第三人的原因造成的损失，公安机关先行赔付后，有权向第三人追偿。

第一百八十九条 公安机关涉案财物管理部门和办案部门应当建立电子台账，对涉案财物逐一编号登记，载明案由、来源、保管状态、场所和去向。

第一百九十条 办案人民警察应当在依法提取涉案财物后的二十四小时内将财物移交涉案财物管理人员，并办理移交手续。对查封、冻结、先行登记保存的涉案财物，应当在采取措施后的二十四小时内，将法律文书复印件及涉案财物的情况送交涉案财物管理人员予以登记。

在异地或者在偏远、交通不便地区提取涉案财物的，办案人民警察应当在返回单位后的二十四小时内移交。

对情况紧急，需要在提取涉案财物后的二十四小时内进行鉴定、辨认、检验、检查等工作的，经办案部门负责人批准，可以在完成上述工作后的二十四小时内移交。

在提取涉案财物后的二十四小时内已将涉案财物处理完毕的，不再移交，但应当将处理涉案财物的相关手续附卷保存。

因询问、鉴定、辨认、检验、检查等办案需要，经办案部门负责人批准，办案人民警察可以调用涉案财物，并及时归还。

第一百九十一条 对容易腐烂变质及其他不易保管的物品、危险物品，经公安机关负责人批准，在拍照或者录像后依法变卖或者拍卖，变卖或者拍卖的价款暂予保存，待结案后按有关规定处理。

对易燃、易爆、毒害性、放射性等危险物品应当存放在符合危险物品存放条件的专门场所。

对属于被侵害人或者善意第三人合法占有的财物，应当在登记、拍照或者录像、估价后及时返还，并在案卷中注明返还的理由，将原物照片、清单和领取手续存卷备查。

对不宜入卷的物证，应当拍照入卷，原物在结案后按照有关规定处理。

第一百九十二条 有关违法行为查证属实后，对有证据证明权属明确且无争议的被侵害人合法财物及其孳息，凡返还不损害其他被侵害人或者利害关系人的利益，不影响案件正常办理的，应当在登记、拍照或者录像和估价后，及时发还被侵害人。办案人民警察应当在案卷材料中注明返还的理由，并将原物照片、清单和被侵害人的领取手续附卷。

第一百九十三条 在作出行政处理决定时，应当对涉案财物一并作出处理。

★ **第一百九十四条** 对在办理行政案件中查获的下列物品应当依法收缴：

（一）毒品、淫秽物品等违禁品；

（二）赌具和赌资；

（三）吸食、注射毒品的用具；

（四）伪造、变造的公文、证件、证明文件、票证、印章等；

（五）倒卖的车船票、文艺演出票、体育比赛入场券等有价票证；

（六）主要用于实施违法行为的本人所有的工具以及直接用于实施毒品违法行为的资金；

（七）法律、法规规定可以收缴的其他非法财物。

前款第六项所列的工具，除非有证据表明属于他人合法所有，可以直接认定为违法行为人本人所有。对明显无价值的，可以不作出收缴决定，但应当在证据保全文书中注明处理情况。

违法所得应当依法予以追缴或者没收。

多名违法行为人共同实施违法行为，违法所得或者非法财物无法分清所有人的，作为共同违法所得或者非法财物予以处理。

第一百九十五条 收缴由县级以上公安机关决定。但是，违禁品，管制器具，吸食、注射毒品的用具以及非法财物价值在五百元以下且当事人对财物价值无异议的，公安派出所可以收缴。

追缴由县级以上公安机关决定。但是，追缴的财物应当退还被侵害人的，公安派出所可以追缴。

★ **第一百九十六条** 对收缴和追缴的财物，经原决定机关负责人批准，按照下列规定分别处理：

（一）属于被侵害人或者善意第三人的合法财物，应当及时返还；

（二）没有被侵害人的，登记造册，按照规定上缴国库或者依法变卖、拍卖后，将所得款项上缴国库；

（三）违禁品、没有价值的物品，或者价值轻微，无法变卖、拍卖的物品，统一登记造册后销毁；

（四）对无法变卖或者拍卖的危险物品，由县级以上公安机关主管部门组织销毁或者交有关厂家回收。

第一百九十七条 对应当退还原主或者当事人的财物，通知原主或者当事人在六个月内来领取；原主不明确的，应当采取公告方式告知原主认领。在通知原主、当事人或者公告后六个月内，无人认领的，按无主财物处理，登记后上缴国库，或者依法变卖或者拍卖后，将所得款项上缴国库。遇有特殊情况的，可酌情延期处理，延长期限最长不超过三个月。

第十二章　执　　行

……

第二节　罚款的执行

★ **第二百一十四条**　公安机关作出罚款决定，被处罚人应当自收到行政处罚决定书之日起十五日内，到指定的银行缴纳罚款。具有下列情形之一的，公安机关及其办案人民警察可以当场收缴罚款，法律另有规定的，从其规定：

（一）对违反治安管理行为人处五十元以下罚款和对违反交通管理的行人、乘车人和非机动车驾驶人处罚款，被处罚人没有异议的；

（二）对违反治安管理、交通管理以外的违法行为人当场处二十元以下罚款的；

（三）在边远、水上、交通不便地区、旅客列车上或者口岸，被处罚人向指定银行缴纳罚款确有困难，经被处罚人提出的；

（四）被处罚人在当地没有固定住所，不当场收缴事后难以执行的。

对具有前款第一项和第三项情形之一的，办案人民警察应当要求被处罚人签名确认。

★ **第二百一十五条** 公安机关及其人民警察当场收缴罚款的，应当出具省级或者国家财政部门统一制发的罚款收据。对不出具省级或者国家财政部门统一制发的罚款收据的，被处罚人有权拒绝缴纳罚款。

★ **第二百一十六条** 人民警察应当自收缴罚款之日起二日内，将当场收缴的罚款交至其所属公安机关；在水上当场收缴的罚款，应当自抵岸之日起二日内将当场收缴的罚款交至其所属公安机关；在旅客列车上当场收缴的罚款，应当自返回之日起二日内将当场收缴的罚款交至其所属公安机关。

公安机关应当自收到罚款之日起二日内将罚款缴付指定的银行。

第二百一十七条 被处罚人确有经济困难，经被处罚人申请和作出处罚决定的公安机关批准，可以暂缓或者分期缴纳罚款。

……

第三节　行政拘留的执行

……

第二百二十二条 被处罚人不服行政拘留处罚决定，申请行政复议或者提起行政诉讼的，可以向作出行政拘留决定的公安机关提出暂缓执行行政拘留的申请；口头提出申请的，公安机关人民警察应当予以记录，并由申请人签名或者捺指印。

被处罚人在行政拘留执行期间，提出暂缓执行行政拘留申请的，拘留所应当立即将申请转交作出行政拘留决定的公安机关。

第二百二十三条 公安机关应当在收到被处罚人提出暂缓执行行政拘留申请之时起二十四小时内作出决定。

公安机关认为暂缓执行行政拘留不致发生社会危险，且被处罚人或者其近亲属提出符合条件的担保人，或者按每日行政拘留二百元的标准交纳保证金的，应当作出暂缓执行行政拘留的决定。

对同一被处罚人，不得同时责令其提出保证人和交纳保证金。

被处罚人已送达拘留所执行的，公安机关应当立即将暂缓执行行政拘留决定送达拘留所，拘留所应当立即释放被处罚人。

★ **第二百二十四条** 被处罚人具有下列情形之一

的，应当作出不暂缓执行行政拘留的决定，并告知申请人：

（一）暂缓执行行政拘留后可能逃跑的；

（二）有其他违法犯罪嫌疑，正在被调查或者侦查的；

（三）不宜暂缓执行行政拘留的其他情形。

第二百二十五条 行政拘留并处罚款的，罚款不因暂缓执行行政拘留而暂缓执行。

第二百二十六条 在暂缓执行行政拘留期间，被处罚人应当遵守下列规定：

（一）未经决定机关批准不得离开所居住的市、县；

（二）住址、工作单位和联系方式发生变动的，在二十四小时以内向决定机关报告；

（三）在行政复议和行政诉讼中不得干扰证人作证、伪造证据或者串供；

（四）不得逃避、拒绝或者阻碍处罚的执行。

在暂缓执行行政拘留期间，公安机关不得妨碍被处罚人依法行使行政复议和行政诉讼权利。

第二百二十七条 暂缓执行行政拘留的担保人应当符合下列条件：

（一）与本案无牵连；

（二）享有政治权利，人身自由未受到限制或者剥夺；

（三）在当地有常住户口和固定住所；

（四）有能力履行担保义务。

……

第二百三十二条 行政拘留处罚被撤销或者开始执行时，公安机关应当将保证金退还交纳人。

被决定行政拘留的人逃避行政拘留处罚执行的，由决定行政拘留的公安机关作出没收或者部分没收保证金的决定，行政拘留的决定机关应当将被处罚人送拘留所执行。

第二百三十三条 被处罚人对公安机关没收保证金的决定不服的，可以依法申请行政复议或者提起行政诉讼。

……

第十三章 涉外行政案件的办理

……

第二百五十条 外国人具有下列情形之一的，经县级以上公安机关或者出入境边防检查机关决定，可以限期出境：

（一）违反治安管理的；

（二）从事与停留居留事由不相符的活动的；

（三）违反中国法律、法规规定，不适宜在中国境内继续停留居留的。

对外国人决定限期出境的，应当规定外国人离境的期限，注销其有效签证或者停留居留证件。限期出境的期限不得超过三十日。

第二百五十一条 外国人违反治安管理或者出境入境管理，情节严重，尚不构成犯罪的，承办的公安机关可以层报公安部处以驱逐出境。公安部作出的驱逐出境决定为最终决定，由承办机关宣布并执行。

被驱逐出境的外国人，自被驱逐出境之日起十年内不准入境。

……

附录二　实用图表

治安管理处罚的种类和适用		
种类	(1) 警告；(2) 罚款；(3) 行政拘留；(4) 吊销公安机关发放的许可证；(5) 对违反治安管理的外国人，可以附加适用限期出境或者驱逐出境。	
主体	一般主体	年满14周岁。
	特殊主体	已满14周岁不满18周岁的人违反治安管理的，从轻或者减轻处罚。
		精神病人在不能辨认或者不能控制自己行为的时候违反治安管理的，不予处罚，但是应当责令其监护人严加看管和治疗。间歇性的精神病人在精神正常的时候违反治安管理的，应当给予处罚。
		盲人或者又聋又哑（单纯聋或哑都不行）的人违反治安管理的，可以从轻、减轻或者不予处罚。
		醉酒的人违反治安管理的，应当给予处罚。
减轻或者不予处罚	(1) 情节特别轻微的；(2) 主动消除或者减轻违法后果，并取得被侵害人谅解的；(3) 出于他人胁迫或者诱骗的；(4) 主动投案，向公安机关如实陈述自己的违法行为的；(5) 有立功表现的。	

续表

<table>
<tr><td>从重处罚</td><td colspan="2">（1）有较严重后果的；（2）教唆、胁迫、诱骗他人违反治安管理的；（3）对报案人、控告人、举报人、证人打击报复的；（4）6个月内曾受过治安管理处罚的。</td></tr>
<tr><td>不执行行政拘留处罚</td><td colspan="2">（1）已满14周岁不满16周岁的；（2）已满16周岁不满18周岁，初次违反治安管理的；（3）70周岁以上的；（4）怀孕或者哺乳自己不满1周岁婴儿的。</td></tr>
<tr><td>时效</td><td colspan="2">违反治安管理行为在6个月内没有被公安机关发现的，不再处罚。
前述规定的期限，从违反治安管理行为发生之日起计算；违反治安管理行为有连续或者继续状态的，从行为终了之日起计算。</td></tr>
<tr><th colspan="3">治安管理处罚的程序</th></tr>
<tr><td rowspan="5">调查</td><td rowspan="3">传唤</td><td>使用传唤证传唤。</td></tr>
<tr><td>人民警察经出示工作证件，可以口头传唤，但应当在询问笔录中注明。</td></tr>
<tr><td>对无正当理由不接受传唤或者逃避传唤的人，可以强制传唤。</td></tr>
<tr><td rowspan="2">询问查证</td><td>询问查证的时间不得超过8小时；情况复杂，可能适用行政拘留处罚的，询问查证的时间不得超过24小时。</td></tr>
<tr><td>询问不满16周岁的违反治安管理行为人，应当通知其父母或者其他监护人到场。</td></tr>
</table>

续表

调查	检查	人民警察不得少于2人，并应当出示工作证件和县级以上人民政府公安机关开具的检查证明文件。
		对确有必要立即进行检查的，人民警察经出示工作证件，可以当场检查，但检查公民住所应当出示县级以上人民政府公安机关开具的检查证明文件。
		检查妇女的身体，应当由女性工作人员进行。
	扣押	对与案件有关的需要作为证据的物品，可以扣押；对被侵害人或者善意第三人合法占有的财产，不得扣押，应当予以登记。对与案件无关的物品，不得扣押。
	鉴定	对于案件中有争议的专门性问题，应当指派或者聘请具有专门知识的人员进行鉴定。
决定	主体	治安管理处罚由县级以上人民政府公安机关决定；其中警告、500元以下的罚款可以由公安派出所决定。
	证据条件	对没有本人陈述，但其他证据能够证明案件事实的，可以作出治安管理处罚决定。但是，只有本人陈述，没有其他证据证明的，不能作出治安管理处罚决定。
	当事人权利	违反治安管理行为人有权陈述和申辩。公安机关不得因违反治安管理行为人的陈述、申辩而加重其处罚。

续表

决定	当事人权利	公安机关作出吊销许可证以及处2000元以上罚款的治安管理处罚决定前，应当告知违反治安管理行为人有权要求举行听证；违反治安管理行为人要求听证的，公安机关应当及时依法举行听证。
	送达	公安机关应当向被处罚人宣告治安管理处罚决定书，并当场交付被处罚人；无法当场向被处罚人宣告的，应当在2日内送达被处罚人。
		决定给予行政拘留处罚的，应当及时通知被处罚人的家属。
		有被侵害人的，公安机关应当将决定书副本抄送被侵害人。
	简易程序	违反治安管理行为事实清楚，证据确凿，处警告或者200元以下罚款的，可以当场作出治安管理处罚决定。
	权利救济	被处罚人对治安管理处罚决定不服的，可以依法申请行政复议或者提起行政诉讼。

续表

执行	罚款	一般程序：受到罚款处罚的人应当自收到处罚决定书之日起15日内，到指定的银行缴纳罚款。
		特别程序：有下列情形的，人民警察可以当场收缴罚款：(1) 被处50元以下罚款，被处罚人对罚款无异议的；(2) 在边远、水上、交通不便地区，公安机关及其人民警察依法作出罚款决定后，被处罚人向指定的银行缴纳罚款确有困难，经被处罚人提出的；(3) 被处罚人在当地没有固定住所，不当场收缴事后难以执行的。
	行政拘留	对决定给予行政拘留处罚的人，在处罚前已经采取强制措施限制人身自由的时间，应当折抵。限制人身自由1日，折抵行政拘留1日。
		被处罚人不服行政拘留处罚决定，申请行政复议、提起行政诉讼的，可以向公安机关提出暂缓执行行政拘留的申请。公安机关认为暂缓执行行政拘留不致发生社会危险的，由被处罚人或者其近亲属提出担保人，或者按每日行政拘留200元的标准交纳保证金，行政拘留的处罚决定暂缓执行。
		担保人的条件：(1) 与本案无牵连；(2) 享有政治权利，人身自由未受到限制；(3) 在当地有常住户口和固定住所；(4) 有能力履行担保义务。

ISBN 978-7-5216-2644-5

定价：25.00元

图书在版编目（CIP）数据

中华人民共和国治安管理处罚法：大字学习版 / 中国法制出版社编 . —北京：中国法制出版社，2022. 8
（法律法规大字学习版）
ISBN 978-7-5216-2644-5

Ⅰ. ①中… Ⅱ. ①中… Ⅲ. ①治安管理处罚法-中国
Ⅳ. ①D922. 14

中国版本图书馆 CIP 数据核字（2022）第 065518 号

责任编辑：李连宇　　封面设计：李　宁

中华人民共和国治安管理处罚法：大字学习版

ZHONGHUA RENMIN GONGHEGUO ZHI'AN GUANLI CHUFAFA：DAZI XUEXIBAN

编者/中国法制出版社
经销/新华书店
印刷/三河市国英印务有限公司
开本/880 毫米×1230 毫米　32 开　　印张/ 4. 75　字数/ 84 千
版次/2022 年 8 月第 1 版　　2022 年 8 月第 1 次印刷

中国法制出版社出版
书号 ISBN 978-7-5216-2644-5　　定价：25. 00 元

北京市西城区西便门西里甲 16 号西便门办公区
邮政编码：100053　　传真：010-63141600
网址：http：//www. zgfzs. com　　**编辑部电话：010-63141813**
市场营销部电话：010-63141612　　**印务部电话：010-63141606**

（如有印装质量问题，请与本社印务部联系。）